Spiritual Culture
青心文化

在阅读中疗愈·在疗愈中成长

READING & HEALING & GROWING

重新看待你的亲密关系

扫码关注,回复书名,聆听专业音频讲解,加入阅读陪伴社群,学习提升亲密关系的方法,让亲密关系更有品质。

全新修订本

你要的是幸福，还是对错

金韵蓉 著

中国青年出版社

目 录

再版序 | 金韵蓉
婚姻，不变的是支持和陪伴 / 001

推荐序一 | 樊 登
一道关于"幸福"和"对错"的选择题 / 005

推荐序二 | 张德芬
好的婚姻，与对错无关！/ 007

楔　子 / 009

作者序 / 011

第一章
男女有别，其来有自 / 001

第二章
男人女人的城里和城外 / 016

第三章
让桃树结桃，让梨树结梨 / 028

第四章
婚姻的跷跷板定律 / 040

第五章
男人女人都花心 / 051

第六章
我的才华被埋没了！/ 065

第七章
怎么和男人说话？/ 092

第 八 章
吵架,是一门艺术 / 103

第 九 章
钱,是最伤感情的! / 117

第 十 章
孩子的管教,是最容易引爆的地雷 / 127

第 十 一 章
亲爱的,今晚不行! / 140

第 十 二 章
两个女人的"战争" / 152

第 十 三 章
我的老公是妈宝 / 185

第 十 四 章
我还能相信他吗? / 193

第 十 五 章
优雅地转身离开 / 214

第 十 六 章
再婚后的夫妻之道 / 230

第 十 七 章
重新回到两人世界 / 244

读者感言、评论 / 278

再版序

婚姻，不变的是支持和陪伴

金韵蓉

2020，注定是个充满挑战的一年。一开年，就让我们面对了来势汹汹的病毒挑衅，也因为强制居家隔离，"迫使"我们不得不和家人有了真正意义上的、长时间的朝夕相处，既打破了我们为自己构建的舒适圈，也逼着我们直面一直以来试着去回避的问题。

虽然我总是自诩有个被先生和我经营得很好、已经安全度过38年的婚姻，但过去这近百天，我俩被困在同一个空间里24小时地大眼瞪小眼，还是让曾经被单位、好友、出差、孩子等分割了相处时光的我们，经历了几个微妙的心理阶段：

第一个阶段是自信满满地谈笑风生；

第二个阶段是不确定能不能熬得下去的小小担忧,其间还有些"怎么又看见你"的不耐烦;

第三个阶段是试着"不自责,也不责怪对方"地磨合出仍然能享受各自独处的时间和空间;

第四个阶段是终于能找回之前轻松自在的相处景况。

于是,用餐时,我们一起好好地吃饭;看电影或看剧时,我们享受彼此安静而幸福的陪伴;睡觉前,我们看看书、再专注地听对方说一会儿话。除此之外的其他时间,我们井水不犯河水,哪怕是都在同一个房间里,也不试图去打扰对方渴望独处的实际需求或心理需求。

写这篇再版序的此刻,我不知道病毒还打算和我们缠斗多久,但我知道它曾经带给我的身心威胁已越来越小。一方面,我们众志成城,胜利在望;另一方面,我们已找到不再手足无措的相处之道,而且相信,只要我们愿意用心、足够努力,就一定能寻得最舒服的厮守方法。在婚姻中,我们会遇见各种问题和挑战,在不同的阶段爱的形式可能会发生变化,但不变的从来都是彼此的支持和陪伴。

《你要的是幸福,还是对错》出版一年多以来,我接到很多读者捎来的读后心得，有趣但也让我欣慰的是，这本书触动每位读者内心的主题都不相同，有的朋友对伤感情的金钱深有感触；有的读者对男女居然大不相同而豁然开朗；有的女孩从婆媳相处之道明白了宽容与释怀；有的妻子从优雅的转身中获得了力量……

我不敢自夸这是因为《你要的是幸福，还是对错》涵盖了婚姻的各种面貌，我只是谦卑地感恩，自己诚挚的分享得到了共鸣，也许或帮助了或安慰了正在焦虑彷徨的年轻孩子的心。谨此，在这本书即将再版之际，将我的祝福，送给如是美好的你！

金韵蓉

2020 年 3 月

推荐序一

一道关于"幸福"和"对错"的选择题

樊 登

你要的是幸福,还是对错?这是每段婚姻都不可避免地必须要去面对的问题。没错,婚姻是需要"斗智斗勇"地去经营的,没有一段幸福的关系是不需要磨合的。金韵蓉老师的这本书自始至终都阐述着一个主题:任何一段婚姻都是需要倾注心力去维护的,没有人例外!

每当你与另一半陷入争吵之中时;每当你声嘶力竭地控诉另一半的不理解时;每当你纠结不知如何与另一半沟通时,如何解决这些问题的方法或许就在这本书中。

金韵蓉老师告诉你,夫妻之间不是"零和博弈",夫妻双方也不是竞争对手,不需要拼个是非曲直、谁胜谁负。有多少婚姻都是在争执"对错"的过程中,渐渐地将"幸福"

磨没了?

读完这本书,我眼前仿佛浮现出了这样一幅情景:一对因为鸡毛蒜皮的小事起了争执的夫妻,在火冒三丈即将爆发的那一刻,回想起"幸福"和"对错"这道选择题,开始抑制心中的怒火,开始变得更加理智且心平气和。这是我希望看到的场景,相信这样的场景,也是每位读这本书的你希望看到的!

推荐序二

好的婚姻，与对错无关！

张德芬

总有人说，在一段和谐的婚姻关系中，男人需要的是尊重，而女人需要的是爱。"他到底爱我吗？"这个亘古不变的问题总是萦绕在每位女性的心间。相信每一位捧起此书的你，都是带着类似的疑问来寻求解答的。

这本《你要的是幸福，还是对错》就是这样一本解答之书。金老师会在书中告诉你，婚姻是需要夫妻双方共同来经营的，婚姻是为了让我们更加快乐、幸福的存在，无论我们做出了怎样的选择，请一定记得自己的初心——为了让生活更加幸福圆满。

这里没有煽情的故事，更没有铿锵有力的口号，有的只是一位阅历丰富的"老师"为你娓娓道来她的人生故事，也许这些故事并没有那么惊心动魄,却能够深深地扣动你的心弦,因为这就是你的生活,就是你必须去面对和解决的问题!没有任何的偏袒,也没有过分的夸大,只是一针见血地指出你的问题所在,沿着老师的指引继续走下去,终有一天你会感慨:哇!原来一直以来令我感到纠结和焦躁的人就是自己!

而终究你也会发现,原来你也值得拥有这份幸福的婚姻。因为,好的婚姻,与对错无关!

楔　子

美国第 30 任总统卡尔文·柯立芝（Calvin Coolidge）和他的夫人曾经去参观一家非常有规模的养鸡场，当看见养鸡场主人得意扬扬地向总统夫妇介绍自己所饲养的母鸡的日产出量，以及园子里的公鸡正奋力地追逐母鸡之后，总统夫人好奇地问鸡场主人："公鸡每天要和母鸡交配几次呢？"鸡场主人回答："夫人，每天有几十次呢！"

总统夫人听了，故意高声地说："请把这件事告诉总统。"不远处的柯立芝总统听见了，立刻转身问鸡场主人："公鸡每次都是和同一只母鸡交配吗？"鸡场主人说："不，总统先生，公鸡每次都是和不同的母鸡交配。"于是柯立芝总统也故意大声地说："请把这件事告诉总统夫人。"

这个故事是真实的还是杜撰的，已经无法考证，但它却建立了一个广为婚姻专家们所引用的著名性心理学现象——柯立芝效应（Coolidge effect）[1]。

---

[1] 柯立芝效应（Coolidge effect）是指雄性动物交配之后又立即与新配偶交配的现象。

大多数哺乳动物在交配之后的一段时间内，即使原有的配偶就在身边，也不再有性行为的冲动。这个阶段称为"性不应期"。其长短，因动物的种类和周围环境而异，有的几分钟，有的几小时或几天。但是，如果在雄性动物交配之后，重新给它一个新的雌性的发情对象，它的不应期会大大缩短，甚至立即又出现交配行为。动物对新配偶所显示出的这种效应，导致单一的雄性动物可使不同的配偶受孕。其生物学的意义在于有助于物种的延续。

作者序

1989年,一部当时获奖无数的美国电影《玫瑰战争》(The War of the Roses)掀起了滔天大浪。一来因为男主角迈克尔·道格拉斯(Michael Douglas)的演技太过精湛;二来因为这部描述婚姻的黑色喜剧太过荒谬,让人看了感到不寒而栗。我记得当时自己的婚姻刚迈进可怕的"七年之痒",虽然自己在医院的家庭医学门诊部里担任婚姻治疗师,但看完这部电影之后,仍然被惊吓得胸闷,几乎无法喘气。

这部电影上映之后,"玫瑰战争"成了婚姻中各种磨合和争执的代名词,而有关为什么两个原本如此相爱的人会沦落到不是你死就是我活这种反目成仇的境地,也成为婚姻专家们开始认真研究的课题。

20世纪80年代其实是个具有时代意义的年代。当时的世界已经和过去大不相同,争取两性平权的女性主义先驱们在烧掉桎梏身体的胸罩和束腰之后,已经用二三十年的努力奋斗为我们取得了各个领域的平等,而这个平等所带来的附加产物,却是离婚率的节节攀升!

是的,试想,在我们曾祖母或老祖母的那个年代,婚姻的样貌其实和现在差不了多少,甚至可能还更糟,但是老祖母们咬紧牙关死守婚姻,原因并不在于她们比我们爱得更深更强烈,而是因为"离婚"这两个字并不在她们的选项之列,所以她们只好找到足以安身立命的理由并说服自己留下来。到了我们母亲那个年代,面对婚姻的无法磨合时,"离婚"虽然已经悄然出现在选项的第一页,但碍于舆论的制约和范围有限的舒适圈,权衡之后,她们还是宁愿选择一动不如一静。

可是到了我们以及更无所畏惧的你们的新时代,受过教育,见过世面,拥有绝对经济自主能力的现代女性,已经再也容不下婚姻中的委屈,更遑论将就自己的人生。因此,"离婚"赫然高居选项的前几名,"过不下去就散伙"的洒脱成了新时代女性的主流思想,而玫瑰战争也从荒谬变得真实,从感性的挣扎变成理性的算计。

如果,新时代女性因为选择了不将就和洒脱而变得更快乐,那也就罢了。但问题是,我们做了选择,但我们并不快乐!

这也就是我写这本书的中心思想:如何让我们变得更快乐!其实,面对如此需要"斗智斗勇"去经营的婚姻,留下或离开,并不是是否快乐的绝对原因,让我们拥有相对快乐的原因是:在相爱的基础上,我理解了两性关系和婚姻的本质 → 我心怀爱意和敬意地努力去做了 → 遇到艰难颠簸时我做了最适切的决定 → 留下或离开,也许都不尽完美,但这个选择无愧我心,因此我获得了释然的自由与快乐!

《你要的是幸福,还是对错》就是按照这个脉络来书写的。没有铿锵的口号,没有煽情的文字,只是安静地陈述事实,然后由你自己去做最适合的决定。

最后,对于我自己的介绍,我喜欢说:请不要把我当成指手画脚的专家,请把我当作一个有着 36 年、目前仍在继续进行中的婚姻经验的长者,坐在你的对面,身体前倾,眼神温暖,握着你的手,告诉你她的生命经验和专业知识,并且轻声地对着惶惑无助的你说:"别害怕,孩子,你不是唯一的那个人!"

第一章

001

◆ 男女有别,其来有自

古往今来，一直都有婚姻专家、哲学家、文学家对男人和女人在爱情的表现上的差别进行描述和研究，但真正使得实事求是的科学家们介入的，则是因为一起不那么愉快的、发生于学术界的事件。

2005年1月14日，当年的哈佛大学校长劳伦斯·萨默斯（Lawrence Henry Summers）在一个学术研讨会上做学术报告时，谈到哈佛大学享有永久教书权的教授中男女比例的差异，他认为女教授比男教授少的原因是：女生不像男生愿意为高权利的职务牺牲，而男生对高阶的科学具有天生的性向。在过去，女生受歧视，不被鼓励去学科学。

他的这段话一说完，四座哗然，顿时在全世界的女权主义者中引发了轩然大波，她们指责男性沙文主义者萨默斯校长发表了不可饶恕的侮辱女性的言论。哈佛大学在挡不住一波又一波舆论风暴的情况下，只好请自知理亏的萨默斯校长主动辞职，而且为了平息女性的怒火，学校还立刻聘请了建校379年来第一位也是目前唯一一位女校长德鲁·吉尔平·佛斯特（Drew Gilpin Faust），以证明哈佛大学对两性平权的正确主张。也许是因为这种上台方式本身就存在着歧见，佛斯特最常用的自我介绍是：我是哈佛大学的校长，不是哈佛大学的女校长！

但萨默斯校长的黯然下台只是这起事件的开始，他的言论引发了哈佛大学神经科学专业教授们的思考，他们想看看老校长所谓的男女有别，是不是真的存在着生理学方面的证据。于是一连串严谨的实验研究开始进行，他们从认知神经科学、行为遗传学和进化心理学等领域收集了大量的科学证据，并陆续出台了报告。

男女有别的第一个不同：大脑结构上的不同

这些研究报告指出，从解剖生理学的角度来看，男人大脑的脑室与脑室之间的胼胝体中隔很结实，就像是坚固的钢筋水泥一般，因此他们在思考或处理事情时，大脑的活化区域是区块状的；女人大脑的胼胝体中隔则是蓬松的三夹板状，上面有很多像海绵孔一样的神经束，使脑室和脑室之间鸡犬相闻，因此在思考和处理事情时大脑的活化区域是发散状的。

如果用大白话来说明这个研究发现，就是男人在用理性的左脑思考事情或处理事情时,右脑是本本分分静止不动的,而在用感情的右脑谈恋爱时,左脑也是本本分分静止不动的。但女人却大不相同。女人在用理性的左脑思考和处理事情时,右脑会叽叽喳喳时不时地进来掺和,而在用感情的右脑谈情说爱时,实用主义的左脑也会时不时地出现,给头脑发热的右脑降降温。

因此,在两性沟通上,我们常常会看见如下鸡同鸭讲的可笑画面:

他说:"今天晚上我得赶一篇报告,不能陪你去看电影了!"

她听见:"我已经不像以前那么在乎你的需求和感受了!"

她说:"没关系!"(反正你已经不在乎我了,看不看都无所谓!)

他听见:"没关系!"

你看见大脑活化方式的不同对沟通所造成的杀伤力了

吗？是的，基本上就是心理学家们所描述的"无效沟通"。女人没听见男人说的话，只听见自己右脑掺和后所衍生出来的情绪，男人听不见女人话语背后的弦外之音，只能听见她说的话！

除了无效沟通造成的误解、争吵或冷战之外，大脑活化区域的不同也引致了其他问题。理性左脑在深思熟虑之后，由于缺少了感情右脑的调解，使得男人容易在感情上表现出决绝的态度，遇到不愉快时，他们不喜欢太多言语上的交流，而是喜欢采用女人最恨的冷处理的方式来消化情绪，而且在大多数情况下，只要做了决定，即使痛苦，男人也很容易让我们觉得他冷酷无情。当然，这种导向也有它危险的地方，那就是感情的右脑一旦冲动，在遇到诱惑时即使知道不应该，也很难踩得住刹车！

那么脑室和脑室间鸡犬相闻的女人呢？我喜欢用"和自己的情绪沟通，并且被自己的情绪所伤害"来形容她们。由于我们爱管闲事的右脑总是自以为是地跳出来说话，女人很容易绕过事实。例如他明天确实有一篇报告要交，而她们会直接和自己的情绪对话，然后在被自己的情绪伤害了之后，更加落实自己因情绪而导致的错误结论。

当然,左右脑彼此之间的制约也不是全无用处。当女人的感情右脑遇到了洪水般的诱惑时,我们会允许实用主义的左脑出来干涉,"我妈说他的妈妈看起来很厉害!""如果我任由这段感情继续下去,会伤害我的孩子!"于是我们会在飞蛾扑火之前先收住跃跃欲试的双脚,瞻前顾后虽然是做决策时的缺点,但往往也是顾全大局的救命优点。

男女有别的第二个不同:关注的事物不同

一个阳光充足、温暖舒适、色调怡人的大房间里,五张婴儿床摆放成一列,每张床上都躺着一位有着天使般小脸蛋、手舞足蹈、咿咿呀呀说着话或号啕大哭寻求关注的婴儿。大房间的门开了,走进来五位女士,其中三位已婚并且有孩子,另外两位未婚。这五位女士分别走向婴儿,手脚麻利地帮婴儿们换尿布。换尿布期间,她们俯下身子,带着温柔的微笑,用轻柔的声音和小宝贝说话。换完尿布后,五位女士都很自然地把小屁屁舒服干爽的婴儿从床上抱起来,把他们搂在胸前,轻轻地拍着、摇晃着、温柔地和他们说着话。

在阳光、温度、色调完全相同的另一个大房间里，同样也一列摆放着五张婴儿床，每张床上也都躺着一个天使般的婴儿等待着大人来帮他们换尿布。大房间的门开了，走进来五位男士，其中三位已婚并且有孩子，另外两位未婚。他们也分别走向婴儿，用有点生疏但勉强过关的方法帮婴儿们换了尿布。换尿布期间，他们的表情谈不上严肃，但也绝对不温柔，他们没和小宝贝说话，只是很尽责地把尿布换好。换完尿布后，五位男士中只有一位把婴儿抱起来，其他四位只是两手一摊或搓搓手掌说："好了！"

这是一个两性心理学的实验情境，目的在于观察男性和女性之间的不同，并试图找出造成两性思维和行为差异除了社会化的原因之外，在脑部活动、神经学反应以及激素分泌上的原因。

2005年2月至5月，在萨默斯校长事件之后，英国BBC电视台联手英国和美国实验心理学各领域专家，在三个月内收集了来自全世界各地将近50万人填写的线上问卷。这份问卷由各领域专家共同设计，内容涵盖认知心理、行为模式、人际交往、几何学、语言能力、性态度等。除了这份线上问卷之外,线下则有近100位志愿者实际参与研究,其中包括情境测试、接受精密仪器对脑部活动的监测、皮质醇分泌实时监控等。专家们花了整整两年的时间整理和解读这些数据,并于2007年4月,由BBC以六集纪录片的形式,向全世界公布了他们的研究结果。

在这六集纪录片中,除了刚才描述的换尿布实验之外,还有一些很有趣的实验结果,例如:

* 一个刚出生1~2周的女婴,会和俯身看她的大人对视几分钟,而一个同样大的男婴,则只会进行短短几秒钟的对视,接着他就会挪动小脑袋,左右张望。另外,这个刚出生的女婴喜欢看人的脸,而男婴则对在他眼前晃动、和成人的脸一样大的灯笼感兴趣。所以,结论是,女人喜欢"人",而男人喜欢"东西"。

* 研究人员让受试者戴上耳机,分别在右耳机和左耳机里播放相似的短音和短句。结果,男性受试者只能艰难且困惑地说出重复不断的单词,而女性受试者却能说出结合短音和短句的句子。这个实验的结论是:在听别人说话时,男人通常只用右脑听，而女人则是左脑右脑一起听。所以纪录片中的旁白不无戏谑地说：很多时候，男人其实是半个聋子！

＊当参与第一个换尿布实验的五位男士和五位女士作为受试者，分别在不同时段坐上派去接他们的出租车时，研究人员故意请了一位专业演员当司机，并在车后座装了一台微型摄影机。这位冒牌司机一路上照着固定脚本和后座的受试者聊天，聊天的内容跨度很大，从当前的金融局势到给他戴绿帽子的已离异的老婆。

当受试者分别抵达实验场地后，都接受了精神科医师的面谈。面谈中，医师只提出了一个有引导性的开放问句，结果男受试者几乎都对车有很详细的描述，包括品牌、颜色、内装、仪表盘、离合器等。当精神科医师再进一步追问时，男受试者多半能说出车程中的谈话内容，而且这些内容大多与当前局势和经济情势有关。

女士们的情况就完全不一样了。首先，她们不断地在车后座盯着镜子检视自己的妆容，一会儿补补粉底，一会儿检查睫毛膏，对冒牌司机说的话，只是礼貌地哼哼两声。当精神科医师提出完全相同的开放问句时，女士们没有一个人提到车，也几乎完全想不起来刚才在车上的聊天内容。等精神科医师进一步提示时，她们便突然眉飞色舞地说起了那位被老婆背叛的可怜司机的婚姻，甚至还添油加醋地评论了一番。

进行这项实验的两位心理和精神科专家对上述测试的结论是：女性通常对"情绪因素"的记性比较好，女性比较关注"人"，而男性比较关注"事物"。

* 但男性不关注人的现象也有例外的时候，那就是牵扯到"性"的时候。实验让五位男受试者舒服地坐在沙发上看电视新闻。新闻主播有两位，一位是有着丝滑柔顺的金色披肩长发、笑容甜美、牙齿洁白、乳房坚挺、穿着粉红滚黑边V领上衣的女主播，另一位是相貌端正、穿西服打领带的男主播。

新闻节目结束后，研究人员请这五位男士分别回忆刚才所播报的新闻内容。他们大都能详细地说出男主播的播报内容，甚至连几个关键的数字都能精确地记得。那么女主播的播报内容呢？这五位男士想了半天都支支吾吾地答不上来，有一位说他倒是记得女主播穿了件粉红色黑边的上衣，另一位则说他觉得女主播很性感！

科学家们也证实，除了脑部结构有所不同之外，男人和女人使用它的方式也存在着差异，而这些差异和人类进化中我们被赋予的原始责任有关。尽管现代社会与远古社会的生活内容已大不相同，但男人和女人却仍然受制于性别的约束而扮演了不同的角色。例如，男人负责养家糊口，所以必须目标明确、精神集中、目光敏锐、行动迅速地捕获猎物；女人负责照看全家，要留意周围是否存在任何潜在的危险，要随时观察孩子是否有损及健康安全的异常表现，所以她必须眼观六路，耳听八方。

男女有别的第三个不同：疯恋激素分泌上的差异

任何一对夫妻都经历过最美好的热恋时光。两个人在最炙热的爱情里互许终身，心里都相信这桩婚姻会使所有的人羡慕不已，两人一定会白头到老。即使在日常生活中发现了对方的缺点，也都能在彼此的爱情中宽恕和包容。

在物质生活还并不像现在如此发达的"纯真年代"，这个阶段的年头可以长达5~7年（这就是那个古老的名词"七年之痒"的由来）。但是现代人越来越重视自我、越来越讲究现实、越来越容易接受诱惑的"不纯真"使然,我们对炙热爱情的使用年限也已经出现了折旧过快的迹象。对于那些我们母辈们认为可以凑合着过的若干缺点,个人意识凌驾于一切之上的现代男女,却发现它们是"性格不合"的正当离婚理由。

我曾经仔细地思考过这个现象发生的原因,试图了解为什么原本炙热的爱情会如此迅速地冷却、甚至熄灭?我得出的结论是:问题就出在"炙热"这个关键词上。就像是劳伦斯所说的名言一样:爱得愈深,苛求得愈切,所以爱人之间不可能没有意气的争执。

从人性心理学的角度来解释,当一个人热烈地渴望某一事物或某一个人时,体内会分泌许多具有兴奋和刺激神经系统功能的激素,例如肾上腺素,这种激素会使我们保持在一种高亢的生理环境中。

在生理学方面,这种高亢的生理环境会影响我们身体的循环系统和器官的生理功能,进而以不同程度的指令左右我们的行为模式和思考能力。在各个腺体被刺激得分泌旺盛的情况下,我们有可能变得很兴奋、很容易感到欢乐。同样,也很有可能变得很敏感、很容易被激怒。

"炙热"对复杂的心理活动也有相同程度的杀伤力。当我们热烈地付出感情时,当然也期待得到同样热烈的回应。此外,身为"应该"被追求、被娇宠的女人,我们期待得到回应的强度往往要比所付出的更大。因此,当对方以为都已经是老夫老妻可以不再小心翼翼地伺候我们时,那种被欺骗、被冷落的莫名委屈,让炙热的烈焰从燃烧的激情变成燃烧的怒火,在情绪的狂乱中,不仅烧得自己遍体鳞伤,也烧得身边的他感到动辄得咎、苦不堪言。

从人类繁衍的角度来看,当一个人陷入热恋时,身体会分泌一种叫作"疯恋激素"的物质。这种激素会让你不想吃饭、不想睡觉、每分每秒都疯狂地想着对方,甚至会做出像在恋人家门口守着三天三夜不睡觉那样不可思议的疯狂举措。疯恋激素的分泌当然不会持续一辈子,通常会在两人的恋情进入稳定期后开始慢慢下降,可是让人扼腕的是,男女疯恋激素的分泌周期大不相同,男人疯恋激素的分泌周期大约可以持续六个月左右,而女人却可能有长达18个月的时间都被笼罩在疯恋激素的影响之下!

因此，当两人还处在恋爱关系中时，疯恋激素分泌的不一致或许还可以经由空间的距离以及对感情仍存在变数的小心介意，来模糊和美化它。可是当两人已然进入婚姻之中，当空间距离和任何不确定因素都已经消失之后，尘埃落定后的放松，就使得这个差距明显被还原、甚至被放大了。

男女有别的第四个不同：爱情期待值的巨大差距

这一点我要怪诸如琼瑶、张小娴这些专写爱情小说的作家们。我的爱情启蒙是琼瑶写的《几度夕阳红》。那年我12岁，小学毕业升初中的暑假，我在外婆家门前的凉椅上，用一个下午的时间读完了从姐姐书架上偷偷拿来的这本书。那个下午，琼瑶阿姨奠定了我对爱情的丈量方式，在我少不更事的小小心田上，画下了一个清晰的、不容许讨价还价的坐标，而这把丈量尺和理想的坐标，在我真正开始探索自己的爱情时，让误以为自己是林青霞的我，受尽折磨，也让完全不是秦汉的他，受尽折磨。

我像任何一个沉浸在爱情中的年轻女孩一样，以为爱情只有一种表达方式和一种样貌，而当我那拙于言辞、羞于表达、只看连环漫画没看过琼瑶小说的男友无法符合我的期望值时,我痛苦地一再需索,而被这些需索弄得身心俱疲无所适从的他,也痛苦地选择离开。所幸,在完全不再联系的一年之后,他还是无法抵挡思念,愿意再给我们一次机会。

如今,我们已经安然度过了婚姻的 36 个年头,现在回头看看自己的婚姻生涯,竟然发现在这一路颠簸中,最危险也最狂暴的竟是蜜月和新婚的第一年。我还清楚记得,婚礼过后,就在我们前往某地度蜜月的旅途中,我就发生过歇斯底里地准备把结婚戒指丢到他头上的经历!而引起这番盛怒的原因,仅仅只是因为在我们的婚礼上,他和女同事说话时没有亲昵地把手放在我的腰上!

第二章

016

◆ 男人女人的
城里和城外

美国著名的专栏作家和记者米尼翁·麦克劳克林（Mignon McLaughlin）曾说："如果你列张表，写出两个人当时要结婚的种种理由，再列张表，写出这两个人现在要离婚的种种理由，你会惊讶地发现，这两张表居然有这么多的重叠之处。"

米尼翁·麦克劳克林的这句话道出了婚姻的精髓。是的，两个人还是那两个人，如假包换，分毫不差，只不过是钱钟书老师笔下的那座围城的墙充当了一条泾渭分明的线，城里和城外，就是两样风情了！

我经常应邀到各地进行演讲，其中和婚姻有关的话题一直都是最受欢迎的主题之一。由于我的听众通常以女士居多，因此我的讲话内容多半都是讲给家庭中的女主人听的。不过，虽说是因为女性读者和听众居多的缘故，但实际上论及婚姻，这条大船在时晴时雨的大海中前进的掌舵手，其实还是女人。因此，我总是会站在男人的角度，"貌似"帮着男人指手画脚地教女人该怎么做。这也使我在十多年前有一次对着一屋子女人说话时，被一位气得霍地站起来的中年女士指着鼻子尖声质问：你到底是男人还是女人！

其实，天地良心，我的这些看似助长男人威风的言论，真心都是为了让女人的生活过得更好，为了更能将男人"玩弄于股掌之间"。《孙子兵法》不是说了吗？知己知彼，百战百胜。在婚姻的这场所谓的"玫瑰战争"中，我们只有了解了对手，才能知道如何去经营和掌控它。更何况这场战役中的对手，还是我们委以终身和最亲最爱的人，所以我们更需要知道他是谁，他是怎么想、怎么感受的，他承受了什么，以及他需要什么。

父系社会中的男人

首先，他们被剥夺了宣泄感情的权利和表达感情的机会。

我常说，一个在父系社会中成长的男人，只有在三岁之前拥有哭泣的"合法"权利。三岁之前，爸妈虽然焦虑但还是能容忍儿子动不动就哭的事实，可一旦过了三岁开始读幼儿园以后，男孩听见最多的一句告诫就是：男孩子要勇敢！男孩子不能哭！

所以男人从很小的时候开始，就被剥夺了宣泄感情的权利,他们必须学会把泪水往肚子里吞,在原本就已经受了委屈或恐惧害怕的情绪之外,再叠加上因为不勇敢爱哭而带来的羞愧和耻辱。如果从与生俱来的人格特质的角度来说,我们都知道,不管是男孩还是女孩,有的孩子天生就细腻敏感,有的孩子天生就坚毅刚强,这和他勇不勇敢无关,这只和他的人格特质和所处环境中能模仿的成年人有关。如果一个感情本来就比较敏感的男孩在成长过程中一直被压抑和指责,他就会刻意地为自己构筑一道外强中干的假墙,既把自己真实的情感埋在里面,同时也把别人的情感挡在外面。

如果这个男孩正好就具有坚毅刚强的人格特质,他的这个特质就会在家长和老师的赞扬中一直被强化,最后成长为很难触碰到真实情感的铁汉子,而但凡有过生命经验的人都知道,人生不可能天色常蓝,花香常漫,因此,在总是压抑或拒绝承认情绪的情况下,饱涨的情绪会转而攻击身体的器官。所以,现代亲子教育专家总是教导父母,一定要接纳并允许孩子表达情绪,就是源自于上述原因。

不过,即使如此,父系社会约定俗成的教养观和价值观还是很难改变,因此,男人不管是在宣泄情绪的权利上还是

在表达情绪的练习上,都受到了很大的制约。如果你还没有理解我的意思,我就举一个非常简单的例子来说明:

我是一个已经60多岁的专家、老师,照理说应该是非常老成持重的人了。但如果有一天,当我在面对几百人演讲时,谈到了我去偏远山区探望孩子们的经历,动情之处,我在台上哽噎而久久不能说话。这个时候,台下的观众们会"心疼地"安静下来,心里想:金老师多么善良啊!然后会自发地为我鼓掌加油,甚至会陪着我一起湿润了眼角。

但如果相同的场景,台上换成了一位中年男士领导,他也在说到动情时哽噎而久久不能说话。我相信,这个时候台下所有的男性和女性观众们都会觉得极其尴尬,大家心里都想:哎呀!领导今天失态了!所以大家都低着头不敢往台上看,而那个可怜的、尴尬至极的领导只能在台下一片死寂中,试图挽回局面。

再举一个年轻的你们可能更容易遇到的例子。温柔可人的你和男朋友一起去看一部感人至深的电影,当让人情绪不能自已的那一幕播放时,你哭红了双眼,这时,体贴的男友递上了他的手帕,不但轻轻地为你拭泪,还宠爱地搂着你的肩安慰如此温柔良善的你。可如果我们把你们俩的表现调换一下，当坐在你身旁的他哭成了泪人儿，你会怎么做？我保证你会尴尬地想：我的妈呀！这是什么人啊！希望别人都以为他和我没有半毛钱关系！

现在你明白我的意思了吗？

所以，当男人从小就被限制了感情的表达并疏于练习之后，他们渐渐地就失去了流畅而快速的情感表述能力。因此，当他面对"你到底爱不爱我啊？"这一类问题时，他们通常会表现不佳，要么回答得支支吾吾，要么语气不够热切真诚（凄惨的我，则会得到不胜其烦的回应：要不，我录一段，你需要时自己放了听），这让满怀爱意的我们既委屈又火冒三丈。事实上，他们并不是不爱我们，只是他们需要时间去准备好该如何表达自己的爱意。

如果你问我，那他们结婚前怎么那么会说好听的话啊？呵呵！这就得引入我的下一段说明了。

社会的主流价值观对男性是否"成功"的定义是狭窄的。

近 20 年来，中国社会心理学家一直关注着一个被称为

"机场成功学"的社会现象。他们走访各大城市机场的书店,放在书架上最醒目位置的书,绝大多数都和成功有关(而且最可恨的是和别人的成功有关):谁谁不到30岁就赚了人生的第一桶金;谁谁在创业短短几年之后公司就在纳斯达克上市;谁谁预测精准是股市大鳄;谁谁具有天神一般的管理能力……如果你闭着眼快速走过书店,也还是躲不过谁谁正志得意满地用强迫灌入的方式在屏幕里教你怎么管理、怎么赚钱、怎么成功!

当然,这些机场成功学对有志向的男生女生来说是压力,但它对男生的压力却远远要强过于女生。为什么呢?

因为在父系社会的主流价值观中,衡量一个男人是否优秀的标准就是他是否成功,而成功的定义又只遵循世俗所认定的标准:有多少套房子?年收入多少?开什么车?在公司处于哪个阶层?甚至连一天走多少路、马拉松跑多远、花几个小时上健身房,都可以处在丈量是否成功以及和同辈竞争的标准之列。但社会的主流价值观对女性是否成功的标准就宽松得多了!我们的成功,可以像男人一样来自于学业、事业或金钱上的成就,但我们还可以因为"嫁得好"而获得旁人的羡慕并被公认为成功。我用一个画面来说明我的观点：

一位先生事业有成的太太在公司持续地受到了委屈，有一天，对待下属很恶劣的上司又很不尊重地对待她，她一气之下，当着全办公室人的面收拾好了桌上的东西，一跺脚，高声地说："我不干了，反正我老公会养我！"然后头也不回地走了！这时，办公室里几乎所有的女人都会羡慕地看着她离去的背影，心里告诉自己：没办法，谁叫人家命好，嫁了个好老公！

如果我们也在相同的办公室里，把主人公换成一位太太事业有成的男士，当这位受了气的男士跺着脚，高声地说："我不干了，反正我老婆有钱！"这时，满办公室的男人女人都会看着他离去的背影，相互使个饶富兴致的眼神，在心里嘲笑地说：真是个没出息吃软饭的！

这就是我一直强调的父系社会下的主流价值观。我们羡慕"以夫为贵"的幸运女子，认可她的成功，如果她还是个优秀的职业女性，我们会锦上添花地说：明明可以靠老公，却仍然努力工作；如果她决定在家相夫教子，我们也会嘉许她是个好母亲，认为懂得陪伴孩子才是最珍贵的事。以夫为贵的女人不需要向社会证明什么，因为她理所当然地享受先生的成功和为她建构的舒适港湾。

可是我认识的许多女企业家的先生们就不是那么幸运了！"以妻为贵"是他们内心深处一直需要用自信和勇气去面对的标签。当旧时同学或同事酸不溜丢地说："唉！老王，你命好啊！娶了个好老婆！"这话里的弦外之音就是：你的能力也就这样，买车买房还不是靠你老婆！这对男人来说是很难消化的情绪，因为主流价值观对他的期待是做一个有能力养家糊口的男子汉，可如今家里的主要经济来源却是自己的老婆，于是这种挫败的情绪让他变得敏感而压抑。有一些成功的女性遇到了婚姻的困难，往往就是因为不明白为什么老公突然变得那么莫名其妙！

所以，可以想见，男人在女人越来越有能力、主流价值观却仍然不宽容的今天，是有多么得辛苦了。

为什么婚前婚后的他变化如此之大？

但是，女人们会问，我跟他谈恋爱的时候，他也是个从小就缺乏感情表达的人，父系社会的主流价值观也和现在完全相同，可是那个时候的他为什么比现在可爱得多呢？难道真是因为把我们骗到手之后，就不再用心、不再珍惜我们了吗？

事实并非如此。漫画《东京爱情故事》的作者柴门文曾经说过一句屡屡被婚姻专家们引用的话："爱情对男人来说，是房间墙上挂着的一幅画，爱情对女人来说，却是房间里播放的一首歌。"这句话一语道破了男人和女人在面对以及处理爱情时的不同。

在一个灯光柔和、温度适宜的房间里，我们可以同时挂上好几幅画。这几幅画之间并没有零和关系，一个人可以在前十分钟安静地欣赏一幅画，又可以在下一个十分钟移到另一幅画前安静地欣赏它。可是，我们没法在房间里同时听两首歌，这两首歌会彼此干扰，不但哪首歌都无法好好地聆听欣赏，也会使我们被混乱的乐声弄得头昏脑涨。

对在父系社会中成长的男人来说，"成家立业"是必须遵循的单一规则，所以他们在爱情功德圆满成家之后，就把爱情那幅画好好地挂在墙上，把更多的精力和重心移到"立业"那幅画上。我们必须理解的是，精力的转移并不意味着对先前那一幅画不再喜爱,而是一个普通人在有限的时间和精力可以支配的情况下,所做出的"合理"安排。(其实,现实情况中的我们不也是一样吗?我们每天在忙得焦头烂额之余,不也是无心谈情说爱吗?)

所以,请相信我,他并没有背叛我们的爱情,也没有打破相守的誓言,他只不过是在更大的、必须成功的压力之下,把重心转移到承担家庭责任的竞技场上,去履行一个男人对妻子、对家庭该有的职责。

女人婚后对爱情的患得患失

除了我在前面提到过"疯恋激素"会使爱情双方炙热程度不对等所造成的心理落差之外,任何一个沉浸在爱情中的女人都难免有患得患失的恐惧。当我们还在恋爱时,这种恐惧就已经存在了,而一旦结了婚,原本以为是尘埃落定的笃定,却有可能变成更患得患失的恐惧。我们很害怕所托非人,很害怕浓情转淡,很害怕幸福落空,很害怕小三插足,很害怕……总之,我们很害怕已经拥有的幸福转眼成空,或像灰姑娘的南瓜车一样在午夜12点凭空消失,所以我们需要不断地去"确认"幸福的确存在,但遗憾的是,这些满足自我安全感的确认,往往会让对方感受到身心俱疲的折磨。

我在为陷入婚姻漩涡里的夫妻进行婚姻治疗时,常听见把头埋在双手里几近崩溃的先生说:"她为什么不相信我?为什么变得这么疑神疑鬼?我真的受不了每天晚上回家这么被审问,我到底应该说什么她才会相信我?"我那时真的想敲敲他的脑袋,告诉他:不用说什么长篇大论,只要搂着她的腰,凝视着她的眼睛,轻抚着她的脸颊,满怀真诚和爱意地对她说:我爱你,这辈子我就只爱你一个人。这就够了!但问题是,唉!他不会,也说不出口啊!(说真心话,他要是真的那么会说甜言蜜语和做讨人喜欢的动作,我也会有点担心哪!)

第三章

028

◆

让桃树结桃 让梨树结梨

作为婚姻治疗师，这么多年来，我辅导过许多婚姻濒临失败前来求助的夫妇，每桩婚姻无法继续相守的原因虽然各不相同，但却遗憾地能看见一些共同的、潜藏在婚姻基底里的破坏因素，对于这些破坏因素，我必须坦率地说，它们常常来源于女人的错误认知，而且这些错误认知尤其会在所谓的优秀现代女性的身上发生。因此，我总是讨人嫌地、让人误以为我偏袒男生地告诫女孩不要犯错，因为这些错误的认知就像是练武术的人一开始就没学好扎马步一样，在底盘摇晃不稳的情况下，即使有再好的拳脚功夫也容易一使劲就被推倒。

那么，哪些认知是我所说的"潜藏在婚姻基底里的破坏因素"呢？

女人高估了自己能做到的事

当女孩在被追求的阶段时，既爱撒娇又任性，以为自己可以主宰眼前这个像哈巴狗一样对她言听计从的男人一辈子。结果关系稳定进而结婚之后，才发现原来这头逆来顺受的小京哈，露出了狐狸尾巴，摇身一变成为放荡不羁的荒野猎豹，不但不服管教，反而还有凌驾在自己之上的叛变企图。所以，以下是几个对仍处在懵懂之中的女孩儿们的诚恳提醒，先读懂了它，扎稳了马步，即使将来无可避免地经历婚姻的崎岖起伏，也能稳稳地掌控方向。

他会因为爱我，而为我改变。

凭良心讲，这是我最害怕看见的简单数学公式：他爱我，所以愿意为我改变自己。他不愿意改变自己，是因为他从来就不爱我，或已经不再爱我。我之所以害怕看见这个公式，是因为知道在演算这道数学题时，女人一定会是写错答案甚至是全盘皆输的那一方。因为，一个人的性格塑造与遗传基因以及漫长的成长经历有关，性格不是握在手上的一支仙女棒，向左旋转或向右旋转都由你说了算。所以，因为爱你，他会做出一定程度的妥协和改变，但完全要成为你希望的那个人，相信我，这是不可能的事！

在感情炙热的恋爱中，我们都会为了取悦爱人而做出某些妥协，例如，明明不喜欢吃咖喱，我们会假装享受它的美味，好让他吃得开心；明明讨厌看文艺爱情悲剧，为了搂着她啜泣的肩膀，会醉翁之意不在酒地享受其中。这些都是热恋时疯恋激素分泌带来的动力，只管得了一时，却管不了长久。因此，在尘埃落定情势不再需要我们压抑自己的真实感受时，就会使我们在放松的心情下显露出原来的好恶或习惯。

我知道这段话听起来有些恐怖，好像热恋中的人都是虚伪且不诚实的。不，我们不能从这个角度来解读这个现象，因为它是人类求偶和繁衍的本能，是脑内啡这种快乐因子分泌所带来的麻痹作用。热恋时，当下的妥协是真实和心甘情愿的，而大势已定后的真我，也不是露出真面目的险恶或欺骗。这不过就是在最亲近和信任的人面前，很有安全感地表现出真实的自己罢了。所以我向来提醒还没有进入婚姻的男孩和女孩们，如果可能，要尽量在婚前表现自己真实的一面，否则婚后的磨合会更辛苦。

当然，处在任何一种人际关系中，"妥协"都是必不可少的社会化要求，没有人能任性地做到百分之百的真我而不顾及他人的感受。但是在任何关系中，妥协都是有底线的，有不能被跨越的范围，所以自己该怎么设定这个范围，并且尊重他人不容侵犯的范围，就是一个成熟的社会人该有的教养和礼节了。

我一定能控制得了他（就算不能，也非控制不可！）

相信我，你谁也控制不了，即便是自己生养的孩子！

我刚开始在医院担任心理治疗师时，我的一位拥有临床心理学博士学位的上司，是有名的怕太太俱乐部成员。平常上班时，他必须整点向太太报到，每天口袋里的零用钱也无法支付走出半径500米之外的开销。每次上司那位在隔壁医院上班的夫人到我们办公室来查岗的时候，都表现得颇为志得意满，而她的温顺老公也表现得唯唯诺诺，不敢有半点造次。不过，我们所有的同事都知道，这位被太太牢牢握在手掌心的窝囊老公，其实在外面早就有个已交往多年、为他生了两个孩子的女友，而且这个对他无怨无悔的有钱女友还自愿负担两人在外组建家庭的所有开销。

这件在我眼前发生的真实事件，在30多年前那个还"民智未开"的社会中不可谓不劲爆，尤其那时我还是个对爱情、对婚姻有无限美好憧憬的年轻女孩。这个真实事件除了让我同情那个自以为是人生赢家的上司夫人之外，也让我

明白一个真理,那就是你再道高一尺,想跑的人,也一定魔高一丈。因此,在那之后,我的座右铭就一直是一位哲人所说的话:

如果你爱一个人,就请让他自由;
如果自由了,他选择回来,他永远就是你的;
如果自由了,他选择离开,那么,他从来就不是你的。

所以时至今日,我还一直告诉自己,我的责任是让自己成为一个他不敢冒险失去的美好女子,剩下的,就由他自己来决定该往哪里走。因为我既然没法控制他的思想和行为,那就不浪费能量在这徒劳无功的事情上。如果我足够美好,他就会自我约束,如果他还是打算转身走开,那就表示他不值得拥有美好的我,而我,也就从不值得期待的关系中,被释放了出来。

任性是女人的特权,他必须忍耐。
我和绝大多数的女人一样,还没结婚前,总是动不动就冲着男友大喊：我们分手！结婚后，又总是冲着老公大喊：我要离婚！

结果，在我喊了无数次的"我要分手"之后，有一次他真的头也不回地走了，而且这一走就是音信全无的一整年。结婚后，我还是没记性地动不动就说："我要离婚！"结果，被我的任性折磨得疲倦不堪的先生，用很冷静且冷酷的声音对我说："如果你再说一次离婚，那么我就真的和你离婚了。"他这句话吓到了只是虚张声势的我，让我从此不敢再任性地胡乱说话，也不敢再任性地为所欲为。

习惯用左脑压抑情绪的男人，会在一定程度上容忍心爱的女人的娇纵任性，但如果一而再、再而三地胡闹，让他被压抑的情绪达到了临界点，这些情绪要么转换成会攻击身心的摧毁能量，要么就转换成让他决然地、冷酷地转身离去的巨大推力。所以，你如果并不是真的想分手、离婚，或不是真的忍心如此伤害折磨他，就请收敛自己的小脾气和公主病，像我一样，做个识时务的聪明女人。

另外，女人的任性胡闹还有一个神经生物学方面的原因，那就是神经医学家早就已经证实的——男人和女人处理记忆和对记忆的反应是大不相同的。女人记得情绪以及与当下相同情绪有关的事,男人则记得任务和与行为有关的事。科学家说,这个区别和脑部负责记忆的海马回有关,因为海马回刺激睾丸酮、雌激素、黄体酮的程度和所激发的脑部反应区块不同,所以,女人容易新仇旧恨涌上心头,男人则情绪钝感,就事论事,过去的事就当已经过去了。

因此常见到的战争场景是,女人声泪俱下地控诉男人:你从来……总是……永远……根本没有……被上纲上线的罪名气得吹胡子瞪眼的男人,则大声反驳:"反正在你眼里,我从来就没有做对过一件事!"女人继续嘤嘤地哭着,心里百转千回,想到曾经的委屈,伤痛更是加剧。此刻,她只想眼前这个一点都不了解她的男人,抱抱她,亲亲她,告诉她他有多么抱歉,为今天,也为之前所有的伤害。

男人看见眼前哭得毫无道理的女人,越听越心烦。心想,我是被你判了无期徒刑,今后这永无止境的日子如何再过得下去!

我不想故意渲染这个情节,但我相信女人们都明白这场战争的结果会是什么。如果,你和我一样,都不愿意见到那个不堪的结局，就让我们一起努力，尽可能控制自己新仇旧恨涌上心头的天性吧！

即使我对他再坏，他也一样视我如珍宝。

曾经有个心高气傲的年轻女孩就犯了这个大错，结果现在悔不当初。她的先生是我在工作中认识的一位专责市场营销策略的中层干部，工作表现非常优秀，也得到公司的认可和赏识。在一次工作后的饭局中，这位男士的老总当着他的面请我劝劝他，因为他疼老婆的程度已经到了让旁人看不下去的地步，而问题的关键是，他的老婆对他一点都不好，她把先生的疼爱当成理所应当而毫无感激和回馈。那天饭局中，我没敢说太多，因为他对这种情况表现得义无反顾，而且乐在其中。

大约六七个月后，我们又在一次工作中碰面，他看起来忧伤而憔悴。我问他最近好吗？他耸耸肩苦笑着说："我离婚了！因为再也撑不下去了！"我问他："妻子能接受你的决定吗？"他说当然不能，但我不愿意再走下去了，因为身心俱疲，而且自己的爸妈也坚决容不下这个骄纵任性的儿媳妇。

在这里,我只想提醒那些在自己爸妈家受尽宠爱的女孩,在爱情面前,女人确实比男人占有一定的优势,不过这个优势来自于我们先天需要被保护的女性身心特质,与地位的尊卑完全无关。因此,领受关爱的人必须心存感激,并明白在爱情面前人人平等。另外,告诉你们一个大实话,男人特别仗义和好对付,只要你敬他一尺,他绝对老实巴交地还你一丈!

如果必须选择,他会选择我,而不是他的母亲。

"我和你妈都掉水里了,你救谁?"我相信这个问题是所有的男人最痛恨的一个问题,但偏偏却又是女生们很喜欢变着花样问的弱智问题。想想看,如果你的男人回答说:先救你。那么就相当于他宁愿牺牲生他养他的母亲,如果一个男人会如此忘恩负义地对待自己的母亲,将来就很有可能会在某一天忘恩负义地对待你。

有很多年轻男孩告诉我,我连想象这个问题的画面时都会觉得毛骨悚然,因为看见自己最爱的两个女人都掉进水里了，那是一种什么样的无助和绝望的场景，而这种情绪的压力根本就是不必要的。因此，类似这样没有答案的脑残问题，请千万不要从如此优秀的我们的嘴里说出。

但是，我们即使不问这样的问题，也容易在心里隐藏这样的想法：我如果和他妈妈起冲突，他必须站在我这边替我撑腰。如果不这样，他就不是个会保护自己妻子的男人。

是的，他挺起胸膛，用强壮的肩膀来保护我，是他的职责和本分，但是任何职责都有一条不能越过的底线，就像是我们为老板辛勤工作、分忧解难是拿人薪水的职责，但如果老板要求我们做过分的事，我们就必须忽略职责，采用更高的道德标准去衡量。对男人来说，他很清楚自己的原生家庭的状况，你受不了的事或受了什么样的委屈，他一定都看在眼里，他会自己琢磨该怎么去做，而且很多时候他的反抗举措需要时间和勇气，但如果我们天天在他耳边哭闹要求他立刻表态或做出反应，或在盛怒之下说了晚辈不该说的话，就会让已经很挫败的他更不胜其烦甚至恼羞成怒，而原本是有理一方的我们，就反而被扣上无理取闹的帽子而失去同盟了。

婆媳难处，古今中外皆然。因此，我会在这本书的"两个女人的战争"一章中,用很多的篇幅详细说明这一点,在这里就不再赘述。不过,我还是想再提点几句,有血脉骨肉关系的母子亲情是谁也切不断的,就像我们和自己的爸妈一样。所以,如果真的遇到难以弥合的婆媳问题时,请一定记得,这个时候不是看拔河的两端谁有力气然后把站在中间左右为难的男人拉向自己,而是看谁有智慧不把站在中间左右为难的男人往另一个人的方向推!

第四章

040

婚姻的跷跷板定律

可能是因为我总是到处宣讲幸福婚姻的缘故，也可能是因为我总是喜欢举自己实际婚姻生活中的例子，不知道从什么时候开始，我居然很荣幸地成为了许多年轻女孩心目中拥有完美婚姻的典范，因此，不管接受什么主题的采访时，采访我的年轻孩子总是会想方设法地把话题绕到我的婚姻中来，而我最容易被问到的两个问题是：

1. 您和先生是如何做到结婚30多年，还持续在热恋当中的？
2. 您的婚姻如此完美，您是如何经营它的？

相信我，孩子们，我每次听到这两个问题后都会鸡皮疙瘩掉一地。因为，怎么可能呀？我们都是老头老太太了，怎么可能还在"热恋"？而且，现实生活中怎么可能会有所谓的完美婚姻呢？哪一桩婚姻不都是磕磕碰碰地一路走来，顶多只是俩人都还"不忘初心"，都不愿意转身离去罢了！

所以，每次我都要非常认真地打破年轻孩子们的"幻想"，告诉她/他爱情在婚姻生活中的真相是什么。

婚姻中的爱情是"与时俱进"的,没有所谓的"保鲜"这回事儿!

哦哦!看到这句话你先别担心,我之所以会这么说是因为一旦进入婚姻,夫妻之间的感情就不会再像原本的爱情那么纯粹了。随着时间的推移和有了孩子之后的身份改变,爱情会被淬炼成更隽永的情意,这种情意即使我们称之为大家避之唯恐不及的"亲情"也不为过,因为这份情意比爱情更无私,也比爱情更深厚。

爱情是什么?爱情是两个陌生人之间撞击而生的电光石火,它虽然炙热美好,但随时会因为不爱了而使两人再度成为陌生人。亲情则是血浓于水,骨肉相连,是即使想割却永远也割不断的情意。所以不要害怕成为已经彼此习惯和依赖的"亲人",因为只有这深入骨髓里的情感,才是能让我们走得更远,并且越来越有幸福滋味的基石。我们喜欢看公园里白发苍苍、彼此搀扶的老夫妇,他们仅仅用最单纯的眼神看着对方,都能让我们涌起浓浓的羡慕,不就是因为这种谁也离不开谁的简单幸福,才是最能直击心灵的爱情吗?

"完美的婚姻"是一个只存在于乌托邦里的幻想!

我有一位教哲学的英国老师,今年已 95 岁高龄。她和先生相识于 1945 年二战刚结束之时,当时英俊挺拔的先生是英国航空公司的飞行员,她则是高挑美丽的英航空服员,两个人都是那个时代并不多见的高级知识分子,也都有贵族的血统,因此爱得高调,婚礼也盛极一时。2016 年师丈去世时,他们才刚过完结婚 70 周年白金婚纪念日。

我还记得 2006 年,在英国伦敦柯芬园的萨沃伊酒店(Savoy Hotel)参加他们 60 周年纪念日的下午茶会时,满头银发的 83 岁老师被学生们起哄着站起来说话,人群中有人问他们相守 60 年的秘诀,老师说,秘诀就是:妥协,妥协,再妥协!在师丈像个孩子笑得满脸通红的注视下,老师进一步说,也许"妥协"听起来很简单,但如果在长达 60 年的岁月中,你都得守着同一个人,而且还要时不时地控制自己气得想掐死他的冲动,就知道婚姻真的需要"神助"!

老师举了一个生活中经常发生的例子。由于两人的行动力相去甚远,她是个风风火火的急性子,师丈则做事慢条斯理,因此,不管是在超市购物、出门参加活动或乘坐各种交通工具购票排队，对她来说都是打磨耐心的考验。有一年，两人搭飞机到澳洲悉尼女儿家共度暖和一点的圣诞节，在坐了20多个小时的飞机，从北半球飞到南半球之后，师丈为了"训练（或惩罚）"她的急性子，在护照查验时故意选择了排得最长的那一列，哪知道正好排在他们前面的一大家子人签证出了问题，结果他们硬是在队伍里站了40多分钟！

老师说，也许你们现在听了觉得好笑，或心想这算什么事啊？但如果这些芝麻蒜皮的小事屡屡出现在两人的日常生活中，就不会把它当作一则笑话那么轻松简单地面对了。人群中有人问：那你们是怎么继续下去的呢？这时笑得像个孩子似的师丈突然开口说："因为我们都爱着对方！"

哇！你听见这个动人的答案了吗？任何一桩主角看似神仙伴侣的婚姻都有它独有的那一本难念的经，但是在绝对不可能完美、绝对充满挑战的婚姻中，有一个足以对抗它的力量，那就是我们都还深爱着对方！

每一桩婚姻都会不同程度地经历三个阶段。

当然，每一桩婚姻都有它的独特性。就像我常说的，婚姻牵涉到两个曾经独自生活二三十年的人,他们各有自己的遗传基因、人格特质以及从成长经验中建构出的价值观。因此,没有一个婚姻专家敢说婚姻一定会遵循什么制式的轨迹,或炙热的爱情能维持多长时间才开始发生质变。但我们也必须承认,婚姻的本质使然,大部分的婚姻或多或少可能会沿着一条大同小异的路径往前走,并且经历以下三个不同的阶段:

第一个阶段:从新婚燕尔到"七年之痒"

在这个阶段中,我们都还年轻,也许还没有孩子,或有了孩子但孩子还没有长大到让我们面临挑战的地步,我们的父母都还健壮,还不需要我们养老送终,所以对小夫妻两人来说,婚姻最初几年的生活,紧迫感并不强烈,所面对的也只是两人从"有距离地爱着"到"24小时贴身爱着"的磨合问题,虽然总是会有些小打小闹,但维持热恋的状态并不困难,再说,此时的女人也还是娇艳美丽、自信满满的。

因此,作为婚姻治疗师的我们,总是会建议小夫妻俩要善用这个阶段,在相对宽松的时候尽可能巩固两人的爱情基石，建立健康的相守模式，好为日后比较艰难的第二个阶段打下过硬的基础和不可避免被逐渐消磨的爱情资本。

不过让社会学家们忧心的是，曾经这个阶段可以长达至少五年到七年（这也就是"七年之痒"的来源），可是在现今这个充满了竞争和诱惑以及个人意识高涨的年代，婚姻第一个阶段的时长已大大地缩短，闪婚和闪离已不再是令人侧目的新闻，而媒体和大众对名人外遇看热闹的心理也大大合理化了他们蠢蠢欲动的心。

我曾经在一场讲两性关系的演讲中，就遇到了一个极其荒谬的情境。主办单位把可以坐满500人的多功能厅里的座位分割成左右两个区域，然后在我上台之前明确地指给我看：您在讲台上面对的右手边坐的都是大老婆，左手边坐的都是二老婆！各位可以想象我那天的演讲有多么痛苦，像踩在钢丝上走路，不知道该怎么措辞，也不知道该怎么铺陈情绪，而我对主办单位如此荒谬粗暴的安排的抗议，也只能用讲座结束之后头也不回的离开来表达。

第二个阶段：人生责任的高峰期

这个阶段可能长达十多年或 20 年。此时，曾经牙牙学语的可爱孩子上学了，进入了竞争日渐激烈的人生，随之而来的，除了自己的压力之外，孩子也给家长带来了精神上和经济上的双重压力。如果幸运，家长面对的挑战会少一些，如果不那么幸运，家长面对的艰困就多一些。除了养育孩子的责任之外，垂垂老矣的父母也是夹在三代之间的中壮年们无法回避的责任和压在身上的重担。因此，心理学家把这个时期称为"人生责任的高峰期"。

处在人生责任高峰期的男人，心里非常清楚，如果自己不能在接下来的十年、20 年之内创造辉煌，那么在新人辈出、后有追兵的职场激战中，攀登巅峰的可能性就微乎其微了。而面对镜子发现皱纹、身材变形的女人，也在责任高峰期的压力下，感受到对不可预期的未来的恐慌和疲惫焦虑。这种恐慌和疲惫焦虑的情绪尤其在必须同时兼顾家庭与事业的双生涯女性身上表现得更为明显。因此，处在这种身心压力情况下的夫妻两人，即便想好好地吃顿浪漫的晚餐都是一件特别奢侈的事，更遑论天天凝视着对方的眼睛说甜言蜜语了。

不过，全世界的婚姻专家们都承认，在婚姻的第二个阶段里，女人是比较辛苦的一方，因为对孩子的养育照顾和承接情绪的责任，大多数的情况下都是由母亲来承担的。试想，一位有全职工作的妈妈在接到出差的指令时，她会马上着手安排与孩子生活起居有关的大小事宜，谁负责接送孩子上下学？谁负责照顾孩子吃饭洗澡睡觉？谁负责检查作业？周末谁负责带孩子去上钢琴绘画英语课？把这些事情全部都安排妥当之后，每天晚上还得在出差城市的酒店房间里和孩子视频，确保一切OK，这才能踏踏实实地睡上一觉！

那么全职工作的爸爸在接到领导指派出差的任务时呢？说句时髦的话：在此省略妈妈们吐槽的一万字！

所以，女人在这个阶段除了比男人更辛苦之外，也比男人更瞻前顾后，因为我们会为了顾全孩子的感受而有更多的隐忍，但相对地，我们也会拿顾全孩子当理由来合理化自己的胆怯，使自己舒适圈的半径缩小，强化自己对安全感的需求。不过，我在序文中提到过，我们的祖母们在面对缩小的舒适圈时，说服自己找到了安身立命的力量，但现代女人却在这个悖论中辛苦挣扎,既不甘心人生就是如此,又害怕出走之后就再也回不了头。

第三个阶段:更成熟和更放松的相守关系

所幸婚姻还是会随着时间的推移进入到下一个最美好的阶段。这个时候孩子已经长大成人,或建立了自己的家庭,高堂父母可能已经超脱了人世疾苦,进入永恒,经历了风风雨雨已迈入人生中后段的夫妻俩,也在岁月的磨砺中建立了更牢固、更有安全感的相守关系。

任何处在婚姻中,或经历过婚姻的人都会承认,我们也许常常会因为不开心而吵架,但我们不一定敢说出内心深处真正想说的话。所以,日常吵架往往是发泄真实情绪的声东击西,或愤怒的情绪再也压抑不下去时,把它改头换面用任性找碴来宣泄疏浚。我们不敢说出内心深处的真实情绪,是因为我们对彼此的关系还没有足够的安全感,生怕一旦说出口就覆水难收。

可是,当婚姻走到了第三个阶段,原本互相委曲求全、试图尽力维护的孩子已不再需要我们的保护,那个曾经被缩小的舒适圈于是又开始慢慢地被放大,我们不但变得更敢于直面自己的情绪,也在岁月中积累了对生命的认识和智慧,因而变得更豁达、宽容和可爱。更重要的是,我们知道这辈子是离不开彼此了,所以就更珍惜对方的陪伴和继续相知相守的每一天。

我特别喜欢我爸妈在这个阶段的相处方式。他们每天从睁开眼睛就开始拌嘴,仿佛要把过往40年埋在肚子里的怨言一股脑儿地都发泄出来,但他们每天也笑眯眯地彼此照顾,我母亲对我父亲的生活和饮食照顾得几乎无微不至,我父亲对我母亲的各种"摆布"也几乎是言听计从。最好笑的是,他们每一两个月就要闹一次离婚,在用电话把我们都召回家之后,又跟没事人一样快乐地招呼着我们吃饭。

我的父亲是个性格刚强、正义耿直的山东汉子,年轻时,他的大男子主义没少让我母亲受委屈。但如今,母亲谈起比她大十岁、已驾鹤西归的父亲时,记忆中却尽是父亲是个如何有责任感,如何照顾家庭的好先生、好父亲。我羡慕他们的婚姻,也相信自己在典范的帮助下,能拥有和他们一样平淡真实却幸福美好的婚姻。

第五章

051

◆
男人女人都花心

不知道哪一位作家曾经在书里写过这句话：婚姻是以爱来维系的。女人会为了爱，而愿意性爱，男人则会为了爱，而放弃性爱。

很多时候，我们都感性地认为，婚姻中，只有男人会出轨，女人就忠诚得多。这个认知好像有些道理，但其实从人性的角度来看，不论男人或女人都是花心的。所以我们先来分析一下，为什么男女双方都会对非结婚对象动心，以及面对让我们动心的对象时，应该怎样妥善地面对和处理它。

理解人性的弱点

首先，我从男性的角度来分析这个问题，前面的章节中我们谈到，男人的思维方式是区块状的，大脑运转时的活化区域相对单一，所以在面对诱惑时，男人的右脑很活跃，左脑却近乎静止，这就是导致他们对诱惑的抗拒能力比女性更差的第一个原因。

但除了大脑活化方式之外，男人的身体里其实还有一个更无法控制的因素。为了好好地说明这个因素，你们得容忍我必须用比较科学的角度去说明它，但我尽量保证深入浅出，让大家不会看得枯燥地睡着了。而且，如果你耐心地读完它，也会对家里处在青少年时期的儿子有更深的理解，并找出与他的相处之道。

男人为什么会花心？

首先，性别基因并不是影响男性和女性大脑的主要因素，关键在于荷尔蒙浓度的作用时间和时机是否恰当。

在妈妈子宫里的胎儿，大约在怀孕的第六周或第七周时，做了"我是男生还是女生"的决定。从遗传学的角度来说，我们都知道"我"的蓝图是由46个染色体所组成的，其中有一半来自于母亲，一半来自于父亲。其中的44个染色体，很快就找到了各自的搭档，形成了22组配对，决定了将要出生的"我"的眼睛的大小、鼻子的形状、身高、性格、智力等身体和人格的特征。但是最后的一对呢？那就大有学问了！

我们都学过生物学，都知道受精卵形成胚胎时，从母亲的卵子里得到了一个"X"染色体，假如父亲提供的精子也是一个"X"染色体的话，胎儿就是女孩，但如果父亲的精子提供了"Y"染色体的话，那么这个胎儿就是男孩。

但是，虽然"XX"基因或"XY"基因已经决定了胚胎是男孩还是女孩，但它们都只能发展出男女完全相同的基本身体配备，至于那个决定是男人还是女人的生殖器官，则需要下一个更关键的步骤，也就是睾丸酯酮（雄性荷尔蒙）的分泌。

随着孕期继续往前推进，已经配对好的基因开始把信息往身体里输送，这个时候，男胎会发展出特别的细胞来分泌男性荷尔蒙，一方面刺激身体发展出男性的生殖器官，另一方面也告诉身体：你不必再去发展女性的性器官了。如果基因配对是女孩的话，她的身体器官就会依照胚胎在第六、七周时原有的基本结构，往女性的路线去发展，不再分泌大量的睾丸酯酮去刺激睾丸的生长。

这个阶段（性别基因加上睾丸酯酮）的工作完成之后，胚胎正在发育中的大脑，就开始依照男性或女性的方向去组织和建构，而我们都知道，这个建构蓝图就是影响我们日后思维方式的关键因素。

好了，看到这里，你们以为事情就是这样了吗？不，不，生命的奇异之处远不及于此。还记得刚才我说的，在配对好的基因还没有发送信号让雄性荷尔蒙分泌之前，男胎、女胎都是相同的"基本身体配备"吗？

是的，如果这个胚胎的基因配对是女性，那么对大脑来说，就没有什么特殊的事情发生，也就是说，一开始的大脑模型，本来就是女性。一个女孩，只要顺着大自然所规划的女性路线往前走，就会成长发育为一个正常的女孩。但是男孩就不一样了！就像男性的性器官是需要雄性荷尔蒙的出现才会发展一样，一个原本是女性的脑部结构，也需要通过巨大的变动才能够把它变成是男性的，而且这个改变思维和心智的历程，跟前面决定发展性器官的历程是一样的，都需要雄性荷尔蒙的参与和作用。

看到这里，我们就可以想象到，女人的身体里住着一个比较安静和踏实的灵魂，因为她不需要面对巨变，只要照着已经铺陈好的轨道往前走就行了，而男人的身体里却住着一个躁动不安的灵魂，睾丸酯酮随着生命中的各种变数，上蹿下跳，没有消停。

怎么应对这个灵魂躁动不安、上蹿下跳、没有消停的人呢？

那么，我为什么要写这么几大段文字来说明呢？当然，你们一定能理解我并不是在替"可恶"的男人出轨找借口，而是实事求是地说明我们委以终身的人，是个有"易燃"的体质和冲动的内部环境的个体，他并不是在婚礼结束后就打定主意要花心或欺骗我们，他只是有一个会被雄性荷尔蒙牵着鼻子走的大脑和身体，在面对诱惑时，他不但会比较难控制住自己的冲动，而且安静的左脑也不会站出来大声地呵斥和阻止他。所以我才会在各种演讲场合里一再强调，女人们要学会尽量不去做那些把他向外推向诱惑的事。

当然，男人毕竟也是经过演化和发育进程的高等灵长类，他们也有理性的大脑，尤其擅长风险评估和损害管控。当他们遇到危险的诱惑时，不会脑门一热、立刻就闭着眼睛跳进火坑（或蜜罐里），他一定会在嗅到危险的信号时，先考虑如果继续往前一步，会得到什么？又会失去什么？然后在评估完得与失之后，尽可能地控制住自己蠢蠢欲动的心和往前迈出的双脚。

就像那句老话说的：赤脚的不怕穿鞋的。赤脚的之所以无惧，是因为本来就没有鞋穿，所以即使冒了险输了，也没有什么好损失的。相同的，一个已婚的男人在遇到诱惑时，他一定会先想到万一东窗事发可能会失去的东西，例如深爱的孩子、妻子、事业、名誉，等等，所以几乎所有的男人在外遇初始，或有暧昧情事时，都会想尽办法瞒着老婆，就是因为他不想失去已经拥有的东西。因此，我们常常会听见那些让人难以置信的故事，某某先生在外面已经组建了另一个家庭，有了年龄很大的孩子，而自己的发妻却完全被蒙在鼓里。这就是男人在损害管控下，什么都不想失去的例子。当然，这种情况并不只发生在男人身上，许多有外遇的女人也有着相同的心情。

让自己成为美好的人

所以，聪明的女人如果懂得这个道理，就会知道预防先生外遇最有效的方法，就是增加自己位于天平这一端的重量，让自己成为他不愿意、不敢、也失去不起的"财富"。因为我们都明白，我们阻挡不了现代社会价值观默许之下的诱惑，管不了天平那一端的人会使出什么样的诱惑法宝，更管不了面对诱惑的先生有可能往哪个方向迈出他的双脚。我们能控管的，只有自己。所以，我们只能让自己的价值最大化，成为最可爱且美好的人，一方面，加重天平这一端砝码的重量，另一方面，也让自己进可攻、退可守，不被制约，不惴惴不安，甚至害怕被他抛弃之后就无路可走！

况且，这个方法还有更积极的一面。那就是当我们成为更可爱和美好的人之后，实际上是成就了自己，并且主宰了自己的人生。

女人其实也是花心的！

撇开大脑、基因、雄性荷尔蒙不谈，从人性的角度来说，女人其实和男人一样，也是花心的！我们怎么可能会不享受男人爱慕的眼神和真心的赞美，虽然我们的心里有一把清晰的量尺，理智的左脑也会一直出来干涉，不允许自己在婚内出轨，但我们也一样会因为其他男人对我们表现出的呵护备至而感到开心，甚至飘飘然。婚姻走到第二个阶段时，这种情绪变得尤其敏感和危险。

但凡经历过的女人都会承认，我们会在人生的某一个年岁或某一个阶段，突然意识到有一大部分曾经属于自己的美好时光消逝了。我们不再能畅快地享受一场恋爱；不再拥有被男人爱慕的外貌；不再能随心所欲地穿上好看的衣服；不再能任性地说走就走……这种失落，是巨大的不甘心（啊？我的人生就这样了吗？）和对未来的恐惧。处在这个阶段的我们，情感是非常敏感和脆弱的，因此才给了外遇可乘之机。

论及婚外恋情的"危险性"，对女人来说，其实更需要谨慎以对。因为我们一旦踏出了必须冲破种种心理阻碍才能够踏出的这一步之后，我们会变得更决绝，更飞蛾扑火，会比男人更不容易隐藏内心澎湃起伏的情感，如果遇到对方并不像我们一样认真，我们会被伤得很惨，如果恋情被先生发现，对彼此也会造成很大的伤害。

划出一条谁都不能跨越的底线

所以，为了督促自己，也为了能成功地经营婚姻，夫妻双方需要根据两人对婚姻生活的期望值、价值观、生活的现实情况、工作内容等等，划出一条清晰的、可行的底线，底线之外便是雷区，谁都不可跨越。这条底线的目的是在提醒我们两人,如果其中有一方胆敢轻易地跨越它,就意味着他对这桩婚姻的评价是不值得珍惜和不值得维系的,如果他已经决定不去珍惜它,那么他必须付出的代价,就是失去幸福的家庭和美好的你。

不过要记得的是,如果底线划好了,任何一方依旧心存怀疑,用偷偷翻看对方的手机或是突袭查岗来确保信任,实际上就是对信任的挑战,而划清底线的意义也就被弱化了。

两性专家戴维·施密特于 2004 年发表了一篇有关外遇研究的论文。这篇论文是戴维·施密特在持续了 15 年、研究对象跨越多个民族文化的观察和研究后所得出的结论。他在论文中给出了一个颇为耸人听闻的"指控":由于社交网络所带来的便利性和隐秘性,以及约会网站在个人电子设备上的无孔不入,高达 60% 的男性和 40% 的女性,都曾经有过和非婚姻关系人士交往的动念,这使得婚姻不忠的危险性大大提高!

在这里,我们姑且不论这篇论文里的数据是否有过于夸张的可能性,但戴维·施密特在结论部分提出的解释,倒十分合情合理。他认为,最常出现的让人们出轨的心理诱因有三个:

1. 当婚外暧昧的恋情刚发生时，一个人通常不会立刻就爱上对方，他们实际上是"爱上"了自己脑子里对那个人的幻想。也就是说，他们是和自己脑子里所创造出来的形象谈恋爱，而这个外遇的伴侣只是一个抽象的、虚构的"人物"，在想象中，这个虚构的人物能满足他在这个当下的每一个情感渴望和身心需求。

2. 外遇的核心情绪，是渴望来自他人认可的深度心理需求。谁不喜欢有人告诉自己是个让人着迷和被人爱慕的人？谁不喜欢自己是被人珍视或被人崇拜仰慕的人？所以，许多有外遇的人，并不是真的爱上了那个人，而是爱上了这种好久不曾感受到的愉悦，和再次成为曾经的那个年轻英俊或青春美丽的自己。所以，这个被他人认可的"美好自己"，才是让他真正迷恋不已的对象。

3. 最后，许多人最初和外遇对象邂逅时，会被这个邂逅所带来的兴奋的感受（刺激、罪恶、危险、秘密等）所麻醉，而当这段新的浪漫关系又持续地给予他正面的外部回馈和刺激时（仰慕、崇拜、珍视、呵护等），这个人就会像是对某种药物上了瘾一样地被套住，而套住他的，并不是那个外遇的对象,而是因这段秘密恋情所产生的"毒瘾"。这种毒瘾是一种脑部的化学反应,只要是和那个人在一起时,大脑就会释放三种主要的化学物质:外遇初始阶段所释放的多巴胺(多巴胺也能被可卡因和尼古丁激活)、肾上腺素以及血清素(又叫作5-羟色胺,是一种血管收缩素),这三种化学物质都是能让人坠入情网的激素。

五个避免外遇的提醒

那么我们怎么能预防这件具有破坏性的事情发生呢?这里有婚姻专家们给出的五个提醒,能帮助我们把潜在的威胁隔离在我们的婚姻之外:

1. 和自己深爱的人结婚。珍惜我们所爱的人,保持彼此之间互动的活性,让沟通的管道畅通。尽量不要被抱怨、批评、控制、愤怒或类似的消极互动方式所干扰。性的忠诚和投入,是最好的预防针,因为它能延续幸福感,并增强彼此珍爱的深层情绪感受。

2. 如果对性的兴奋感出现在婚姻伴侣之外的人身上,把这个感觉带回家。也就是说，让它提高你与爱人之间的性欢愉，就像是一部浪漫的电影可以让我们之间的爱情升温一样。

3. 不要寻求或允许自己和除了爱人以外的人有性关系。一次轻浮的行为，就很有可能让自己走上不忠的道路。婚外性行为也许很新鲜刺激，但导致的结果却很有可能是家庭的破裂，这绝对是件没有任何乐趣的"赔本生意"。如果调情看起来很诱人，那就把它调整为点燃婚姻中的火焰吧！

4. 如果刺激诱人的性感觉确实发生在与我们必须重复接触的人身上，特别是多年以后再度重逢的旧情人或工作伙伴（这两种是最高风险类别），让配偶加入你们私人的聚会中来。诚实和开放是一把最安全且有效的保护伞。

5. 当我们和某个异性必须有频繁的接触时，例如办公室里的异性同事、没有配偶同行到外地出差、碰巧与旧情人重新联系时，用下面的方法来保护自己：

（1）不要和你所爱的人以外的异性讨论个人话题。只讨论实际的、专业的或商务的事情。所有的私人的、感性的、隐私的谈话，只为你的配偶保留。

（2）不要和某一个特定的同伴单独出游。例如出差时，和团队一起用餐。

（3）只在公共场所见面。不去那些可能发生"某些事"的私人场所。

（4）避免喝酒，如果你们只能在一对一的情况下相处。

最重要的是，察觉有异时，立刻把自己从一个可能无法处理或脱身的情况中隔离出来。事前的预防，要远远比犯错后的清理容易得多。

第六章

065

● 我的才华被埋没了!

许多年轻女孩喜欢问我：金老师，您的家庭那么幸福健康，您个人的事业又这么成功，您是怎么做到的啊？

每次回答这个问题我都不免有些心虚，所以总是提醒面前的小朋友一件事：嘿！你别忘了我已经多大岁数啦！如果我今年和你差不多大，我可能有让家庭和事业齐头猛进的秘诀，可是我都已经60多岁了，熬到这个年纪也该有些收获了吧！

不开玩笑地说，如果以我还算差强人意的学历、能力、情商，若是认真地冲刺事业，大概在40岁左右就一定可以取得今天这番小小的成就。可是我没有，我一直等到临近中年，才渐渐在比较稳定宽松的家庭环境中，被别人发现、认可乃至于尊敬。

我个人对如何平衡家庭和事业是这么理解的。每个女人面前都有一个天平（男人也一样，只是没有像我们这么受到"女主内"这个社会传统价值的束缚和制约），天平的两端分别是"家庭"和"个人发展"。老天爷给了我们一定数量的砝码，任由我们自己在天平的两端摆放，你在这端放得多了，那端就注定要减少。老天爷也和我们有一个约定，既然如何摆放砝码由我们自己决定，那么所形成的后果也由我们自己来买单，怨不得别人！

因此，我自己的砝码摆放哲学是：我两端都放，只是我不贪心，我让两边都循序渐进，可是当个人发展与家庭需求相抵触时，我会毫不犹豫地捐出个人发展的砝码。

这是我的生涯规划哲学，也是我的个人选择，它不是真理，只是我的决定。因为当事情关乎到每一个独立的个人时，决定的本身并没有对错，只有个人价值观的取舍。我之所以做出这样的选择，只是因为我不希望当我花了大部分时间埋头事业并取得成绩之后，抬起头来准备享受成果时，却发现四周无人和我一起分享这些快乐。

割舍的智慧

女人，尤其是身处现代社会的女人，由于教育水平和自我意识的提高，无可避免地必须扮演多重角色——女儿、妻子、母亲以及职业角色，与此同时，我们还希望这些角色都能扮演得完美而出色。基于天性，除了职业身份这个角色或许可以稍微偷点儿懒之外，其他的三个角色都有着任重而道远的责任。因此，对于追求卓越、争取成功的"双生涯"女性来说，同时拥有家庭生涯以及职业生涯，如何既能兼顾自我的发展需求，又能兼顾家庭的发展需求，确实是考验女人智慧的一门功课。

"M型生涯"论

工商管理学家给女性的职业生涯总结出了一个叫作"M型生涯"的理论。认为女性的工作时期呈现"波状"的发展进程：刚从学校毕业进入职场时，刚从谷底向上爬升，大约五六年时间达到第一波成熟高峰，在平均30岁时结婚后，又渐趋下降，生育孩子之后，再度降到谷底，等子女长大成人，不需要再那么操心，在平均45岁左右时，又出现第二度高峰。

我很认同这个理论，并且把女性的生涯规划分为三个进程：孩子还需要母亲用心照顾的第一期，需要考虑家庭共同利益的第二期以及属于我自己的第三期。

孩子还需要母亲用心照顾的第一期

当孩子还小、需要母亲专心陪伴照顾的时候,"事业"扮演的是确认自己的存在价值、不与社会脱节、维持生计等功能性的角色。在这个阶段中,如果很幸运地遇到一个理解自己有孩子的老板,或所从事的是不需要投注过多时间精力的工作内容,那么事业与家庭的冲突不会在这个阶段对我们造成太大的威胁。

但如果我们没有那么幸运,工作必须耗用绝大部分的时间和精力,而家庭又确实需要这一份收入。这时,我个人的建议是,你有两个选择:求助支持系统或者换个工作。

寻找支持系统

所谓支持系统,指的是双方的父母、亲戚、配偶、托儿所或者是可以住在家里的好保姆。我们必须确保当自己在外专心冲刺事业的时候,孩子是在快乐、安全、健康的环境下成长的。我在儿子四岁的时候,就启用了这个系统。

当时我到巴黎、伦敦学习自然疗法,我先生也在英国念书。在长达两年的时间里,儿子在乡下和在小学教书的奶奶一起生活。那段时间，我们尽量安排长一点的假期和他相处，甚至耗尽积蓄全家到欧洲长途旅行。那两年，我们和儿子相处的时间不如以往多，但相处时的注意力和质量却远远超过从前。及至今天，已经长大成人的儿子还常说，那两年的乡野生活是他极难忘的童年时光。

不过，在这里，我要强调的是，支持系统不能代表母亲或父亲的角色功能。我们不能因为把孩子交给了可以信任的人，就认为可以海阔天空地去发展自己的事业，只要隔段时间带着大包小包的礼物出现，或深夜回家在熟睡的孩子脸上亲亲，就如此轻松地尽到了妈妈的责任。

由于必须启动支持系统的双生涯女性为数众多，伦敦心理研究所的米丘尔·洛特博士（Michael Rutter）对白天在托儿所里养育的幼儿做了一个研究。他指出，在托儿所里长大的孩子比较活泼，比较富有侵略性，懂得和同龄的孩子相处，有比较好的人际关系，但在忍受挫折方面，却不如一整天在家中长大的小孩。此外，另一位专门研究托儿所育儿的哈佛大学的杰罗姆·卡根（Jerome Kogan）博士，在对60个两岁半之前在托儿所长大的孩子的研究中发现：

＊幼儿如果在充满爱心、环境良好的托儿所里长大，他们的身心发展和智力发展与在家由父母照顾的幼儿几无差异。只不过，最理想的托儿环境是，婴儿与成人人数的比例是每三个婴儿就有一个成人照顾。否则，婴儿的智力发展和情绪成长会因此而变得缓慢。

＊婴儿七、八个月到18个月大之间，对陌生人很容易产生恐惧的心理。所以，孩子最好是在七个月大之前或18个月大之后送到托儿所。不过，也千万不要将生下来尚未满月的孩子送走，因为婴儿在第一个月里需要培养对疾病的抵抗力，只有在家、在妈妈身边，他才能得到最好的呵护和照顾。

所以，如果我们在其他支持系统都无法运作的情况下，必须把孩子送到托儿所时，请一定要留意上面这两个研究结果，再据此做出对孩子最好的安排。

别让蜡烛两头燃烧

另外，为了个人的职业生涯考量，当我们减少了与孩子相处的时间，把孩子交给支持系统之后，在看似卸下责任的轻松之下，其实反而会造成自己更大的精神压力和牵绊。所以，当我们确定要这么做时，请一定要照顾好自己的身体和情绪，因为我们需要有很健康的身体和心灵，才能处理好家庭和工作。想想看，在奔波劳累整整一个星期之后，星期六还得一大早起床，带着孩子逛人山人海的动物园，那真的是一件非常非常需要体力和情绪的事！

此外，我还想提醒年轻的上班族妈妈们，很多时候我们是带着浓浓的负面情绪生活和工作的。一方面我们自责自己没有在家照顾孩子，没有长时间陪伴孩子，是个不尽责的母亲，但另一方面我们又为自己越来越少的自由时间和无法负荷的劳累而感到疲倦和委屈。因此，我想提醒的是，这些情绪难免发生，但千万别让它停留太久。

我总是劝告年轻的上班族妈妈们，即使结婚有了孩子，也一定要尽可能地设法保持拥有自己的时间，和要好的朋友们在一起放松一下，哪怕是一顿只有两个小时的下午茶时光或一次简单的美容护理。这段我称之为"遁逃"的时间，可以帮助我们清洗已经塞满事情的大脑，松弛逐渐僵硬的肩颈肌肉，同时还能更新记忆中无忧无虑的单身时光。最重要的是，它让我们觉得自己不是那么命苦或变成了不讨人喜欢的老巫婆！

此外，自从女性开始承担和男人一样的家庭责任和经济责任之后，有一个颇具性别歧视的新名词紧接着出现——"女强人身心症候群"。它指的是身兼数职的忙碌职业女性常会出现的身体症状，例如头痛、头晕、失眠、心悸、过敏、便秘、胃痛、消化不良、月经失调、情绪波动等明显的焦虑以及与生活压力有关的身心不适。这些身心不适初始只是偶尔发生，但如果我们不用心照顾，很有可能造成进一步的生理问题，甚至成为导致家庭失和的原因。

因此，我们除了要好好地学习企业管理学中的时间规划和效率原则之外，还要对自我能力有充分的认识和衡量，不要逞能地以为自己可以应付所有的工作，或必须承担所有的工作。我们必须学会在感受重压之后发出求救的信号，试着把工作，不论是家庭中的或工作上的分摊出去。我们可以根据自身的能力和实际情况，修正对目标的要求标准，或把达到目标的时间放宽一些。因为如果我们不这么做，等到身心被压力击垮时，要付出的代价会更大，时间会更长。

还有，不要忽视内心的冲突和挣扎，给自己一点时间，好好考虑人生追求的目标和优先顺序。我前面才刚说过，老天爷只给了我们一定数量的砝码，我们不能贪心，不能什么都要，我们得务实地把优先顺序列出来，再根据这些优先顺序，对有限的时间和精力做最合理和最有效的安排。

另外，为自己建立一个低潮时的支持性网络，例如：亲人、可以谈心的好朋友、爱护你的师长、心理顾问等，来帮助自己度过低潮的时期，或使用一些可以帮助减压的方法，例如我喜欢的、具有绝佳疗效的芳香精油、瑜伽、冥想、散步等等，以此来及时宣泄自己的压力，在这些负面能量还没有完全失控之前，先防患于未然地将它们疏导，以控制损害。

安于自己的选择

现在让我们再回到先前的选择题上，如果在选项中你找不到适合交付的支持系统而不得不决定选择转换工作甚至辞去工作的话，这时，如何平衡、调适自己的心理和情绪，就是个必须严肃面对的课题。

我认识许多年轻的母亲为了年幼的孩子放弃了原本前途

辉煌的工作。有的人安于自己的选择,在另一个并不具有严苛挑战性的工作中,稳当而快乐地陪伴孩子成长;有的人却在选择了转换工作之后,怒气冲天地数落自己的失去,怨天尤人地把责任推给了先生或无辜的孩子。

当女人为了家庭、为了孩子而牺牲了对自我价值的追求时,有些人很有可能把挫折的情绪转换成对孩子的憎恨。我知道这句话听起来很恐怖,哪个妈妈会只因为换了工作或辞去工作,就这么离谱地憎恨起自己的亲生骨肉?然而,这种例子在临床上屡见不鲜,有些妈妈甚至只因为生了孩子后身材变形,就迁怒于自己的孩子。

当然,这种迁怒或憎恨的情绪是潜意识里的心理活动,妈妈本身并不一定知道,也更不一定认可这所谓离谱的错误。可是这隐藏在潜意识里的情绪,确实会影响我们对待孩子的态度。我们有可能会在他打翻了碗时,歇斯底里地对他大吼大叫,有可能在他不做作业还牢牢盯着游戏机时,失控地挥舞着手上的小棍子。当我们得知曾经同一个办公室里的女同事,最终成为媒体报道的精英女性时,那种失落、自卑、不甘心的痛苦,便会一股脑儿地转向让我们困在原地的始作俑者——先生，或是那个方便的、随手可得的、毫无反抗能力的小小受气包的身上。

孩子的心灵是敏感而纤细的，面对妈妈常常突如其来的暴怒，他们不能理解这种暴怒背后复杂的心理原因，他们只能简单地理解成是因为自己不乖、不听话，而产生让妈妈这么生气的严重后果。此时，作为罪魁祸首的他，性格内向的孩子就有可能选择了两个极端：一是从此怯懦地讨好和取悦妈妈以及他人；二是变本加厉地叛逆，因为反正妈妈已经不再爱我了！

我想说的是，如果我们已经做了某些牺牲，就一定要让这个牺牲是值得的。千万别赔了夫人又折兵，不仅委屈了自己的前途、损害了家庭的和美、还扼杀了孩子的自尊、自信和快乐的童年。

需要考虑家庭共同利益的第二期

当时间推移进入了生涯规划的第二个周期，孩子渐渐长大，进入学校，不再需要我们长时间的陪伴照顾，可是这个时期却又有另一个家庭成员出现需要我们耐心照顾的迹象，那就是已然步入三十岁晚期、人生责任高峰期初期的先生。

我在第一章"男女有别,其来有自"里,已经对男人,这个和我们不一样的"人类",做了很详细的解剖说明。如果这个人是我们愿意尊敬和辅助的对象,那么此时就是我们为了家庭的共同利益必须做些妥协和牺牲的时候。不过在深入讨论这个话题之前,我必须先为这次的"妥协"定个性。

很多时候,我们以为妥协是一种牺牲。是的,时光不会倒流,面对孩子的成长速度,我们有时确实不得不做些自我价值的牺牲,好满足孩子成长过程中对母亲的亲情需求。可是,当妥协涉及婚姻中的两个成年人时,它却常常是换取更大共同利益的手段,而不必然是个人的牺牲。而且,当面临需要妥协的现实情境时,如何做,才能让妥协不成为让步、不成为没有价值的牺牲,这才是我们需要学习的重点。

就拿我自己来说。在 35 岁到 50 岁这段从商的生涯里,做的都是我自己不喜欢、但却对家庭共同利益有帮助的事。

由于先生家族里有从事化妆品生意的背景,所以我们创业时,就选择从比较有人脉关系的进口化妆品代理生意开始。

我是个有着十分迂腐的士大夫观念的人,念重点高中时,甚至还是校园里有名的、以哲学思想为傲的"竹林七贤"的七位成员之一。高中时期,我读了很多当时盛行的世界主流思潮,关于存在主义的书,阅读的范围从中国的老庄,到西方的卡夫卡、卡缪。大学四年,读完了四书中的大学和中庸。年轻时,自认为饱读诗书的我,向往着学术殿堂里自在遨游的生活,我的人生,应该是在大学里教书,或起码也是在艺术家聚集的村落里自由而高傲地生活。我的生涯规划脚本里,绝对不可能想象自己会和如此"肤浅"的美容有关,更何况还要以它来谋生。

但是,为了追求家庭的共同利益,我做了巨大的妥协。

为了更好地销售我们所代理的法国专业彩妆品牌,我远赴巴黎学会了以往从来就斥之为市侩的化妆和人体彩绘,为了卖出所代理的SPA护肤产品,我投身专业美容教学,开设了美容学院,终日与美容院的老板打交道。在将近15年的工作生涯中,我不享受自己的工作,只是尽力地做好本分,并努力地说服自己乐在当下。而支持我这么做的动力,就是我一直坚定的信念——我的家庭,以及我所期待的美好的晚年生活。

蹲下，是为了下一个更美好的跃起

不过，请不要因为我灰色的描述而忧伤，认为那仅仅是苦不堪言的无私牺牲。事实上，我想表达的是，尽管在生涯规划的某一个阶段中，为了更大的共同利益，我们必须做出一些牺牲和妥协，但这并不意味着它必然要阻碍或停止我们追求理想的脚步。我在代理彩妆、护肤品那些沉潜妥协的时间中，一直没有间断对自己喜爱事务的追求。我大量地阅读、尽可能抽出时间参加有关专业心理治疗的研习会、并且一直不间断地研究最喜爱的艺术治疗。我尽量储备自己的能力，并且保持乐观，坚信它们总有一天会有用武之地。

是的，这就是我的选择。当面临在天平两端摆放砝码的取舍决定时，我选择了更专注于家庭需求的发展，而放置比较少量的砝码在我个人发展这一端。但是，孩子们，请一定要留意，放得少一些，并不等于全然放弃。我们只是把个人发展的脚步放慢，更专心倾听来自家庭需求的声音，与此同时，我们要继续储备能量，伺机而动，等待终于可以为自己跃起欢呼的时刻来到。

现在网络这么发达，许多远程教学课程、开放大学、女子课堂等等相对有弹性的课程，都是为了帮助没有办法全身心投入学习的现代人，尤其是为了女性而设置的。就拿我讲课的芳香疗法远程教学来说，学员当中有百分之九十以上，是拥有专职工作或在家带孩子的全职妈妈们，她们学习芳香疗法的目的，除了对精油可以帮助自己和家人的身心健康的神奇疗效有兴趣之外，更多的是希望能拥有第二个专长，好为自己的将来做准备。

所以，在事业的低谷时期，我们因为孩子或其他原因虽然无法对事业全力以赴，但不能就此松懈，我们的表现至少也应该是平行移动，要尽量积累第二专长和经验，准备迎来"M型生涯"的第二个高峰。

我的收入比他高时

当然，在顾全家庭共同利益时，并不仅仅只是女人需要毫无理由的退让，男人也必须承担同样的责任和义务。如果在两项事业中，妻子的明显更具有前瞻性和不可放弃的理由，那么就要学会在不伤及感情的情况下，很有智慧地做出最适合家庭共同利益的决定。

年轻美丽如你,一定不能理解受过西方高等教育的我,为何会有如此传统而愚昧的三从四德思想?你一定在想,保留我高成就、高收入的工作,为什么要有智慧?为什么要考虑不伤及他的感情?有关这个质疑,我已经在前面几个章节里回答了你的"为什么"。在这里,我只是衷心地希望不要看见自己和某些盛气凌人的女强人一样,在承担较多部分的家庭收入之后,忘记自己仍然是个需要"仰望"丈夫的女人!

此外,我也想给年轻的你们打支预防针,做好思想准备。那就是当我们的事业成就高于先生的事业成就时,很有可能需要花更多的力气和心思,去处理脆弱微妙的婚姻关系。女人在面临这种困境时都不免有些矛盾的心理,一方面我们希望他以我为荣,享受我的成就,不要妒忌限制我的发展;另一方面,我们又不希望他是个有吃软饭之嫌的窝囊废,希望他有大男子气概,是个足以让我依靠和仰望的男人。

以我的年龄、阅历以及专业知识等扮演的多重角色身份,我可以明确地告诉你,这真是个奢华的请求。

从我为数众多、给事业有成的女企业家讲课的经验里得悉,一个轻松掌握并能号令数千、数百人的女上司,最搞不定的，常常只有一个人，那就是她家里的"变态"老公。我为什么会用如此极端且带有贬义的字眼来形容她们的老公？只是因为，当老婆的成就越高，男人需要消化的情绪就越强烈。尤其是当他发现自己不仅在经济上需要依赖妻子，甚至居然在情绪上也开始依赖妻子时，那种不安、羞愧、惶恐、自卑的心理就会更加强烈。

因此，在这种强烈情绪冲击下的他，很容易变得像随时准备好攻击别人的刺猬，做出许多他自己"清醒时"都觉得可笑、非理性的行为和反应。例如，他会突然成为我们的人生导师，像个智者一样批评我们的所作所为。我就认识一位很有成就、很知道如何管理员工、很令我敬重的民营女企业家，但在她老公眼里，她是个无能、毫无章法的女人，随时有可能因为决策错误而失去一切。因此在晚饭餐桌上，他们之间最常出现的谈话内容总是他在纠正她的错误，教导她如何做好老板的工作，哪怕他自己根本就毫无这方面的经验。

另外，还有一些我认识的女老板，更是离谱地忍受着老公无端的挑剔和讥讽，有的甚至严重到在员工面前被先生无理地数落，或经历对方故意做出的让自己难堪、尴尬的事情。如果你已经陷入这种情境，遇到这样的老公了，怎么办？

不要"对号入座"。没错。当我还在医院担任儿童行为治疗师的时候，我们最喜欢和需要行为矫正的儿童的父母们说这么一句话："任何一个反社会行为的背后，都有一个求救的原因"。作为人，我们都喜欢被人尊敬、受人欢迎、得到赞赏，我们天生倾向于与人为善，不会自愿做不讨人喜欢的事，除非内心有自己都弄不明白的情绪需求。

所以，如果老公有让我们不快的情绪和行为表现，请不要难过，不要认为那是冲着我们来的，不要认为他不懂得我们的辛苦，不悦纳我们的付出，不欣赏我们的能力，他其实只是在消化自己的情绪，试图在挫败的心理情绪中为自己疗伤止痛，挣回作为本该负担养家糊口责任的男人的面子。

如果你爱他，就请一定要理解这一点。除了帮助他渡过心理的难关，千万不要用相同激烈的情绪去回应他，不要在相同不理智的心理情况下发生争执，扩大事端，造成无谓的缝隙，并为了莫名其妙的理由伤害了自己和我们所爱的人。

请相信我，当男人在每一次莫名其妙的情绪发泄中发现我们的成熟和宽容时，他会更尊敬、更依赖、更珍视我们，同时也会在岁月的成长中，学会看见自己的价值并相信它。而最终享受这一切美好成果的，当然是拥有成熟智慧、信奉爱与家庭价值的我们自己。

另一个危机

在双薪家庭日渐普及的今天，男性对自己的妻子外出工作的事实大抵都能接受，有些成熟的男人，对于妻子拥有辉煌的成就，只要光芒气焰不至于压迫到自己的头上，收入又有助于生活，大半也都乐观其成。

但是这种态度往往植基于一个先决条件之上，那就是"一切顺利"。所谓的一切顺利，就是指男人本身的事业也顺利地发展，而子女的教育、学业、行为，也都在健康、安全和顺利的情况之中。否则，很多时候，女性的工作收入不管对家庭有多大的帮助，平日如何辛劳努力，但只要孩子一发生状况，她往日的"功绩"就立刻沦为被男人指责的罪行。

美国"全国意见研究中心"一项针对200位学龄前子女、家庭有两份收入的职业母亲进行的调查研究显示，有四分之三的受访者表示，一般情况，她们的配偶会倾听她们叙述和工作有关的问题，赞成她们把握工作机会，对加班也没有太大的意见。

不过这份调查也发现，当孩子在学校出现问题，或有健康状况发生时，丈夫对妻子的支持就立刻明显地减少，让妻子无法像往常一样安心地上班。心理学家对这项调查结果的解读是："这显示做丈夫的到了某种程度还是会责怪妻子没有照顾好孩子。他们的潜台词是，如果你不出去工作，这种问题就不会发生"。

尽管男人迫于现实需要，或为了表现风度，平时会大方地承认妻子的成就。但基本上，在他们的内心深处，还是会对妻子因工作而疏忽了家务、忽略了他以及对子女不能专心管教而产生不满，并且找到机会就借机发泄。所以我们常会听到一个义正词严的爸爸这么责怪那个唯唯诺诺的妈妈："你看，这孩子都是你给宠坏的！"好像管教孩子全是女人的事一样。

说到底，我们毕竟成长和生活在父系社会里，对于这些不公平的角色压力似乎也只有逆来顺受。想想看，素来高举女权主义的美国，都有四分之三的职业妈妈承受这样的待遇，对于我们来说，深藏在骨子里的想法更是不言而喻。

所幸今天的女人已拥有调剂身心平衡的意识和方法，就让我们在某个阶段，为了爱、为了他、为了孩子、为了家庭，多承受一些，也多付出一些努力吧！

属于我自己的第三期

当身为父母或为人子女的经济责任告一段落，在没有那么大压力和不容出错的压力被卸除后，我们或许就可以闲适地靠着椅背，为自己考虑得更多一些了。

我自己在儿子完成了大学学业，开始半工半读他的研究生课程，不再需要我们负担学费之后，才终于快乐地宣告，当美好的仗已然打过，属于自我的时刻终于来临。

如今，我的事业已进入第三个厚积薄发的时期，只做自己喜欢做、并且让自己感到快乐且有成就的事。现在的我，把大部分的时间花在我热爱的写作、讲课和芳香疗法教学上，并且在毫无心理负担和较少经济负担的情况下，选择自己喜欢的工作时间和工作方式。

因此，还年轻的你，不用担心自己一辈子都会如此平淡庸碌，也不用羡慕我可以这么从容淡定、气定神闲地过日子。每个人的一生都有阶段性的任务和使命需要去履行，我已经做好大部分职业生涯需要做好的功课，而现在的你，才即将要开始呢！

你清楚知道自己要什么吗？

孩子，我不知道你是否能从我个人的人生经验中得到一些启示。不过，就像我在前文中说的，当选择关乎到个人的价值观时，答案没有对错，只有适不适合自己。因此，我常给遇到事业与家庭孰轻孰重困惑的年轻女孩这样的建议：你清楚知道自己要什么吗？

当然，回答这个问题时不可能只有感性的考量，它毕竟牵涉到家庭其他成员的共同利益，所以理性的判断也必须给予足够的尊重。

我们可以试着这么做：

在一张 A4 大小的白纸上，分别写出向左转或向右转的利与弊。我喜欢教困惑中的人这个方法，因为当遇到左右旗鼓相当的选择题时，如果只是坐在那里试图"想"出答案，只会让自己更陷入感情的脑子里,弄得自己思绪更乱。可如果硬是强迫自己在白纸上清清楚楚地写出,就会逼自己回到理智的脑子里去分析,帮助自己在更清晰的思路中选择比较正确、两害相权取其轻的答案。

不过,这个白纸黑字的分析方法也有注意事项:

第一,请用白纸黑字。因为从色彩心理学的角度来说,白与黑都不具有情绪引导的倾向,所以能更客观地把思路理清。

第二,请在白纸的正反两面上,只写出好处,不罗列坏处。例如:正面页是"继续工作的好处",反面页是"不继续工作的好处",而不是"继续工作的坏处"。因为出于人性所具有的原始恐惧心理,一旦我们写下了坏处,我们的眼睛就会盯着坏处看,生怕它会发生,如此一来,原本不一定会发生的坏处反而变得杯弓蛇影了。

为自己的选择负责

当我们分析好了现实情况,并据此选择了答案之后,接下来唯一要做的事，就是为自己的选择负完全的责任。

我发现这是管理情绪和压力最好的方法。当生活或工作中遇到窒碍难行、让我陷入负面情绪中时，我常常安静地反问自己："金韵蓉，这是你的选择吗？"如果我在没有被胁迫、处于自由意志的情况下做了选择，我当然要为自己的选择买单，为自己的决定负责任。我没有怨天尤人的权利，因为那是我自己做的决定，没有人拿刀架在我的脖子上逼我。所以，除了自己，我还能找谁负责呢？

试试看，当我们转变了看待事情的情绪角度之后，也许事情仍然让人头疼，情况也依然让人伤心，但我们面对它的勇气会大不相同。当我知道没人可以埋怨，没人可以嫁祸，只能自己直面以对时，我就会挽起袖子开始干活，而不是于事无补地怨天尤人，悲哀地坐在那里被害人害己的"苦命情结"给掩埋了！

最后，亲爱的孩子，我知道现实生活中，除了对自我成就的满足之外，很多时候家庭确实需要多一份收入，多一点帮补。我们既承载了子女教养大部分的责任，又承载了负担家计的相同责任，这对年轻的你来说，确实是辛苦而沉重的。但是请相信我,这样的付出绝对是值得的。当你们到了我这个年纪,回头数算自己的年轻岁月时,一定会快乐而骄傲地发现,自己的付出是何等荣耀且有价值的事。而且当我们逐渐淡出事业,仍然环绕着我的肩膀、与我一同享受那丰美果实的,也绝对是我曾经奉献爱与能量的那个人。

聪明的排序,把时间和精力放在旁人无法取代的事情上

在各种身份角色中像陀螺一样转换的女人,一定要学会如何把眼前的诸多事务做好聪明的排序。想一想,有哪些事情是可以请人代劳无须自己亲力亲为的?例如,打扫卫生、做饭,这些都可以请阿姨、钟点工代劳,省下来的时间和精力就可以去做一些他人无法取代且更有价值的事,例如,陪孩子读绘本、说故事,躺在床上和老公聊天,窝在沙发上一起看剧。

可能我们会遭到来自亲朋好友的阻力,他们会说:打扫房间做饭这些事你又不是做不来,自己花点时间弄一下不好吗?非要请阿姨浪费这个钱。我们自己可能也会思考如果把这些钱都省下来了,能尽快买车买房。请拍掉肩膀上的判官,仔细权衡做与不做的代价分别是什么,如果处理这些家务琐事的确耗时耗力、得不偿失,花点钱请专人代劳,让自己身心愉悦,并非不合算。我们需要衡量投资报酬率,把报酬率高的放在重点位置,优先处理,排在后面的就可以省略或请人帮忙,这才是高效生活的关键。

最后,请允许迂回

只要前进的方向和目标是明确的,人生的路径是可以迂回前行的。但凡有足够长生命经验的人都会同意,人生实际上是以每一个十年为丈量的标准,如果事情不是按照预期的直线前进,不要急、不要慌,允许自己的职业生涯有一些迂回,只要在迂回的弯路上不放弃自己,就能在弯路的尽头走上平坦宽阔的高速公路。

第七章

怎么和男人说话?

我在还没有参加大学毕业典礼之前，就考进了一所著名医院的心理卫生中心担任心理治疗师。那时候的我，满脑子都是高大上的心理学专业名词，甚至以为自己是那种在问了几句话之后就能洞察人性的专家。一直到我结婚以后，有一次和先生闹得不开心时，我说：我们需要沟通！没想到我先生听了特别生气，愤愤地跟我说：我最怕听见你说"沟通"这两个字，好像全天下就只有你最懂心理学！我被他莫名其妙的怒气吓了一大跳，问他：那我应该怎么说？他回答：你就好好地像个平常人说：我们来说说话！

是的，我们交往了六年才结婚，结婚前他听见我说过800遍"沟通"，但为什么结婚前他都忍了下来？哼！

为什么"有效的沟通"会这么难？

原因就出在女人说话时，具有将视觉信息和语言信息综合起来的能力。例如，我们能从说话者的表情、声调、不自觉的身体语言和手势中，猜测出说话者背后真正的意思，所以能从这些信息中推论出说话者下一步要做什么。

有一本在神经医学领域里非常有名的著作，由遗传学博士、英国BBC制片人安妮·莫伊尔（Anne Moir）和资深记者戴维·杰塞尔（David Jessel）共同创作完成的《脑性别》（Brain Sex）。书里说明了从大脑神经结构的角度来看，女性连接左右脑半球的胼胝体比男性厚，而且中间还有神经纤维集结成球状的厚结。胼胝体的功能在于帮助两个脑半球互通音讯，而粗厚结球的神经纤维束，又能让脑半球之间的信号传递得更快，所以大脑左右半球连接越多的人，口齿的伶俐度和说话的流畅度都会比别人高，而且能够很容易用语言来表达自己的感受。

男人就不同了。由于大脑活化的方式是区块状的，男人把情绪集中在右脑处理，但表达感觉的语言却又是在左脑进行。再加上先天结构上胼胝体和神经纤维束的薄弱，所以男人常觉得表达情绪是件很困难的事，而且即使愿意表达了，也不会像女人那么流畅。

那么，面对脑袋和神经结构与我们不同，情感表达能力与我们不同，社会的主流价值观压力也与我们不同的男人，我们该怎么跟他们说话呢？

怎么和男人说话？

基于以上这些证据确凿的事实，我们先来讨论一个对维持健康的两性关系最重要的主题——沟通。也就是女人该怎么和男人说话，才能让他真的听进去，并让自己想传递的信息准确到位。

对男人来说，如果他知道谈话的"目的"是什么，那么这次谈话就容易得多，他参与谈话的意愿也会强得多。

当女人想沟通时，我们会说："我觉得我们好久没有在一起好好地说说话了！""我很想和你谈一下"或"我觉得有必要讨论一下我们的关系"。男人听见类似这样的谈话要求时，会觉得很紧张，很烦，他不知道你的目的到底是什么？是在抱怨你被忽略了？是想指责他又做错了什么？还是打算和他分手？在这种不确定情绪的诱使下，他要不就是烦躁地和你吵一架，要不就是找借口故意拖延和你沟通的机会，即使听你说了，也表现得心不在焉。

另外，男人最不擅长的，就是猜女人到底想说什么。不知道是受了"女人必须矜持"这个传统刻板印象的限制，或看了太多男主角细心体贴、懂得如何了解并宠爱女主角的不现实爱情小说,绝大多数的女人就是避免不了这个能让男人崩溃的坏习惯。在这么多我辅导过的配偶中,我听见这个问题被男人抱怨的次数最多,也最让他们疲倦厌烦。所以,我不仅告诫前来求助的女友、太太们,我也告诫常犯这种错误的自己,不能再屡错屡犯。

所以,下次你想和他讨论一件事或只是想说说话时,你可以这么说:

"老公,今天晚上我们能一起聊聊吗?上个周末家里人太多,我没时间和你说,我想和你讨论一下宝宝这个暑假参加夏令营活动的事。"

在这句谈话邀请中,你明示了几个要点:

第一,今天晚上,而不是"有空时"。很多时候女人会以退为进,故意用不压迫的语言来表示自己的善解人意,但如果男人真的误以为是"有空时",我们又会不高兴,会觉得他根本不在乎我、不关心我，或甚至上纲上线地定罪他不顾家、不爱孩子从而无端横生枝节。所以我们要明确地给出时间"今天晚上"，如果他今晚确实必须加班，他就会提议明天晚上或这个周末。

第二，这件事本来几天前就得决定的，但因种种不是谁对或谁错的原因而搁浅了，现在必须抓紧时间做出决定，所以我们必须尽快讨论。

第三，今晚讨论的主题很明确：宝宝的暑假安排。所以他既不需要惴惴不安地不知道今晚的沟通会发生什么事，也可以利用接下来的几个小时想想这个问题。

因此，以后你要经常这么说："亲爱的，这个周末我们能不出门在家聊聊吗？最近我们公司发生了好多事，我好想听听你的意见，看看我的想法对不对。"

要问完整的问句，而不是含糊笼统的开放式问句，否则，我向你保证，你得到的回答也只是含糊笼统的几个字。

我在前面的章节中已经列举了许多经过科学家证实的男

女思维方式不同的例子——男人的思维集中而且是"目标导向",女人的思维宽泛同时是"过程导向"。因此,如果你问他:"今天工作还好吗?"他一定回答:"还好!"可如果你这么问:"你的那个新项目进行得顺利吗?是不是像当初你担心的那样困难啊?"如果他回答:"还行!差不多!"那就表示他此时此刻正在思考别的事或不太有说话的心情,你就不要再追问下去,但如果他此时此刻想说话,他就会顺着你的问题延展回答,而你们之间就产生所谓的"有效沟通"了。

不过,我还得提醒你,"男人想说话"和"女人想说话"之间的表述程度是不一样的。大部分的男人,包含我们的丈夫和儿子,认为女人的话太多,一句他能用三个字就说清楚的话,她却要用300个字来表述它。这一点让男人们很头疼,因此给我们冠上了"唠叨、啰唆"这几个听起来有点遭人嫌的形容词。(这么优秀的我,也常被老公和儿子嫌弃啰唆和唠叨!)

此外,男人和女人在说明问题时的语言结构也不尽相同。女人喜欢自言自语或自问自答,因为我们更关注的是说话的过程,并习惯在说话的过程中整理出问题的头绪来。男人则是明确的任务导向型,他们说话的目的在于结论,因此不但语言的内容精简,语速也因为思考而显得比女人慢。我描述一个早餐的场景来说明这个有趣的现象:

早餐桌上,女主人絮絮叨叨地说:"唉!我今天事儿真的好多。早上总部的人来开会,也不知道又要开多久。中午我约了去剪头发,我已经忙得好久没去剪头发了,头发已经长得像个疯子一样。下班以后我还得去洗衣店帮你拿上次送洗的西服,那个洗衣店的服务真是越来越差,好几次我都想送去给别家洗算了。啊!天哪!我差点忘了,我还跟一个客户约了五点的视频会议,他们真的快把我逼疯了,明明是已经通过的案子还一改再改……"男人在早餐桌上对即将忙碌的一天,只会说:"今天事儿挺多的,我得早点去!"

如果你对上面这个场景并不陌生,就能对"老公在家总是很沉默""他总是一副不爱搭理我的样子""他不喜欢沟通"甚至"他拒绝沟通"这些现象释怀,并且知道你不是唯一那个遇到这种老公的倒霉蛋!

所以,我现在的做法是,我还是继续我自言自语的习惯,但我不要求他也跟着这么做,或对我的每一句话做出回应。我发现一旦这么想了,并且这么理解了,我就不会被他的寡言少语所激怒,也不会被"他拒绝和我沟通"这个想象产生的结论所伤害,而且最好的是,我也不会没事找事地和他生大半天的冤枉气。

要耐心和宽容地给他时间去找到表达感情的语言。

女人常误以为男人没有同情心或没有感情,认为他们是麻木不仁的冷血动物。其实,这真的是误会了他们。男人和女人一样有感情、有感受,只是从潜意识里,他们不愿意用语言或脸部表情来表达内心的情绪,因为一旦这么做了,心理上,他们会觉得对自己的情绪失去了掌控,而这种情绪失控的想法和感受会让他们惊慌失措。

男人在父系社会的成长过程中,没有接受到足够的情感养成训练,他们从很小的时候开始,就被长辈们教导男孩子要勇敢坚强,要男儿有泪不轻弹,所以他们不像女孩儿那样有足够丰富的经验和娴熟的技巧去处理自己的情绪。因此,在遇到感情的冲击时,为了不让情况发展到自己不能掌控和收拾的地步,就在潜意识的作用下,在事态刚刚萌芽时,阻止了它。

此外，就像前面举出的所有实验例证一样，男孩的语言能力发展速度普遍比女孩慢，脑室间的沟通也不如女孩快速畅通，所以他们用语言来表达情感的能力不仅比女孩差，语言的反应速度也比较慢。因此我们会看见一个伶牙俐齿的女孩，把一个木讷少语的男孩逼得面红耳赤、走投无路。（这是年轻时，先生和我之间常常出现的画面！）

所以，为了拯救自己脆弱的心灵，我们女人一定要理解他的不解风情或麻木不仁并不是冲着我们来的，也不是一旦关系稳定了就不再在乎了。除此之外，我们还要有更多的耐心和宽容，给他足够的时间去做反应，并发现在爱他的人面前承认或表达自己的感情，并不危险。

总而言之，两性之间的沟通障碍，错就出在我们（是的，是我们，而不仅仅是我或是他）误以为对方和自己的感受、想法以及表达方式是一样的，所以才会在得不到预期反应的挫败心理的催化下，痛了心或受了伤。

最后，我曾在不同的场合中多次提及，如果一个家庭中有一位情绪成熟的女主人，这个家就一定错不了，孩子在安定安全的羽翼下，能健康快乐地成长，先生在不担心后院失火的安心下，能昂首面对生活的挑战。一个情绪成熟的女主人，是一个家庭的恩赐和瑰宝。而情绪成熟，则是女人得天独厚的能力。所以，让我们把这个美好的天赋发挥到最大的地步，让爱我们和我们所爱的人得以身心安于其中。

第八章

103

◆ 吵架,是一门艺术

总有朋友在遇到和老公或老婆不开心的时候，问我："啊呀，我认识一对夫妻，他们从来都不吵架，从来就没红过脸，好羡慕哦，他们是怎么做到的呢？"呵呵！我每次听到这个问题，都会呵呵一笑，然后狠心地戳破这个幻想。因为这个世界上，绝对、绝对、绝对没有哪一对夫妻是从来没有吵过架的！

事实上，如果真的有哪一对夫妻能做到永远不吵架，他们的关系可能极不寻常。要不就是两人很少有相处的机会，所以舍不得或来不及发生不快；要不就是两人对彼此的关系没有把握，所以小心翼翼地，而且必须很努力地，把真实的情绪隐藏起来；要不就是俩人极度疏离，对彼此毫无感觉，既然没有期待，自然也就不需要对异议介怀。所以，没有哪一对真心对待彼此的夫妻不会吵架，只不过是在程度上和方法上不同罢了！

当然，夫妻吵架再怎么正常，也毕竟不是一件让人开心的事，而且如果掌握不好情绪和言语的分寸，万一擦枪走火，对婚姻也是一种慢性的伤害。所以，怎么降低它的发生频率，如何划出一条止损的安全界限以及如何吵个有建设性的"好"架,才是我们应该关注的事。

别脱口而出让自己后悔不已的话,学会"暂停3秒钟"的技巧

一个人被激怒的时候,负责应激的肾上腺会立刻分泌大量的肾上腺素,并对外界刺激做出反应。肾上腺素会决定我们在遇到突如其来的刺激时,选择战斗或逃跑的反应(Fight-or-flight response),这个选择会参考左脑对实况分析后所得出的结论,例如,如果眼前这个人满脸横肉,身材粗壮,我们会选择拔腿就跑,如果眼前的人弱不禁风,畏畏缩缩,我们就会壮了胆冲上前去战斗。

夫妻吵架时,肾上腺素自然也会大量地分泌,虽然不至于在战斗或逃跑中做选择,但冲上脑门的怒气也会让我们失去理智,在战斗的亢奋情绪中,恨不得一刀将敌人"毙命"。所以我们很有可能在盛怒之下口不择言,说出自己在冷静时绝对不会说出口的伤人的话,或完全不是出于本意的尖酸刻薄,造成很难回旋或无法弥补的伤害。

在这里我教给大家一个"暂停3秒钟"的技巧。只要在

脑子里安装一个习惯成自然的阻断机制，每次生气时，把这个阻断器打开，只要短短的1、2、3，三秒钟，就能迅速地把即将脱口而出的话消音在嘴里。我的阻断机制是一句"好一朵美丽的茉莉花"的童音歌声，每每生气时，我的脑子里就会自动响起这一段能分散我的注意力的歌声，然后我就不会那么生气、那么急于要用言语把他给灭了！

刚开始，这个方法会很困难。气都气死了，哪里还有那个闲工夫去启动什么机制。但这个方法确实可以循序渐进地练习成为习惯，我们可以先从不那么生气或情境比较容易被控制的时候开始练习它。例如，当你出差了好几天回到家，在航班疯狂延误了好几个小时的疲惫下，一进家门看见厨房台面上摆得乱七八糟的锅碗瓢盆，你很想发火，但他还在楼下停车扛行李，在还没有看见他那"欠揍"的脸之前，你就可以赶快启动你的阻断机制，也许是一首诗里的一个短句，也许是一段歌词或歌声，也许是默数1、2、3，总之，在对象还没有出现承接我们的怒火之前，先把它控制在一个牢固的容器里，等对象出现后，就能比较心平气和地就事论事了。

如果你真能照着我的方法从比较容易控制的情境开始练

习，一次又一次、一点又一点地建构这个思维习惯，就能很好地掌控自己的情绪，一来不会在气急败坏之下出口伤人，二来反而能在争执中占据上风。想想看，讲台上的辩论高手，绝对不是那个马步扎得不稳，只会脸红脖子粗企图用大声来压制对手的人。所谓的辩论高手，是那个羽扇纶巾，用兵于谈笑之间的人，他不用脸红脖子粗地大声嚷嚷，他只需要调整好呼吸，眼神锐利，但气定神闲地清楚说出我方极具逻辑的论点，然后一弹指，一语掐住对方的逻辑漏洞，就行了！

其实，这个停顿3秒钟的阻断机制并不只是对夫妻之间遇到不开心的时候有帮助，在亲子之间也尤为重要，很多时候，我们在疲惫和焦虑不堪时，也容易对心爱的孩子说出伤害他们的话。我就曾经在饭桌上听过一个被青春期儿子气得失望的爸爸，当着一桌子人的面，对着电话那一端的儿子吼着说："我怎么那么倒霉，你怎么会投胎做我的儿子！"

孩子在成长的过程中，会不断地从父母对自己的评价中认识自己，建构对自我的认知体系。爸爸妈妈所说的每一句带有情绪的重要评价（不管是以我们为荣的赞美或气急败坏时的羞辱），都会在孩子的脑门上贴上一个标签，这些随着年纪长大越来越厚的标签，有的可以随时撕掉，有的却烙印在额头上。关键是，孩子的心理、情绪和行为表现都会受到这个烙印标签的影响，甚至会照着标签的内容方向往前走。所以，我们管教孩子时，不被怒火控制的"谨言"更是重要。

夫妻之间，不是"零和关系"，也不是竞争对手，不需要拼个是非曲直、谁胜谁负

很多时候，当一场令人身心俱疲的吵架结束后，夫妻俩往往忘了刚才是为了什么引起了这场争执，而且更多时候，引起争执的事端只是一件鸡毛蒜皮的小事，但让争执升级的，却是两人之间越演越烈的情绪。很遗憾的是，这种情况在女人身上尤为多见，吵着、吵着就变成了你不尊重我的意见、你不爱我、不给我面子、他必须让着我、我才不会那么丢人地先跟他说话……让莫名其妙的自尊心成了和解的最大阻碍。

我不是说男人很优秀，不是说他们都不会把情绪带进争执当中，事实上，男人的心里都住着一个比女人还不成熟且

更敏感的孩子，所以他们一玩嗨了，就会疯得像个孩子一样，一有个小病小痛了，就变得娇弱得不行。但是论及吵架时，大脑区块状思维的男人就要比大脑发散状思维的女人优秀一些了。

男人在争执之初，会更容易从理性的左脑就事论事，他们既听不懂女人话里的弦外之音，也看不见女人肢体语言中所隐藏的情绪，这种迟钝让女人伤心，让本来就已经受挫的情绪激化得更加忍无可忍，于是原本就事论事的争执升级为人身攻击，男人也开始用更原始、更不可控的情绪右脑应战，最后，这场一开始用左脑就可以轻易解决的争执，就变成了各自捍卫自尊的战役了！

50岁之前的我，就是上文中那个伶牙俐齿、得理不饶人、让争执升级为捍卫自尊战役的女子，而且会在每一次把先生气得不再理我时，暗自痛下决心对自己说：下次一定不会这样了！50岁之后，已成为重大累犯的我真的慢慢学乖了，如果引起争端的事由是我的错，我会"强迫"自己主动伸出求和的橄榄枝，放下不必要的面子，而只觉幸福来得太突然的他，在受宠若惊之余，也会以更低的姿态来迎接我的双手。

如果他不想说，就不要说，允许沉默

我相信对绝大多数的女人来说，吵架时，先生不说话、不回应的冷处理，是最让我们抓狂的了。我们有一肚子的委屈要说，他不但不明白，居然还不好好地听我说，而且他的沉默，让我们觉得自己是被拒绝、是被摒弃在他的心灵之外的，因此更让怒火嗖嗖地往上蹿。

我记得自己和先生最大的一次冲突是在结婚后的第一年。由于我的个性软弱，从来就不会、也不敢和人大声吵架，所以每次我们不开心时，都是我嘤嘤地一面哭、一面仿佛受害者一般地"控诉"他。对于我的哭哭啼啼，刚开始他还能哄哄我或好言安慰，但随着蜜月期结束，当被我纠缠到烦扰不堪时，他就会回到卧室，躺在床上，闭着眼睛什么话也不说，甚至还会把枕头盖在脸上，捂住耳朵！那天，他被我逼急了，捂住耳朵的枕头似乎也不管用了，于是他离开卧室，走进书房，还气人地把房门反锁，任凭我在房门外哭得眼睛都像核桃一样红肿也不开门！

女人在遇到男人沉默不语时，之所以会发火的心理潜台词是：你为什么不回答我的问题，对你来说，我是透明人、是空气吗？你究竟想掩盖些什么？难道你以为沉默就可以解决问题了吗？但男人选择沉默不语的心理潜台词则是：为了避免事态继续恶化我选择沉默！我不知道该怎么说才不会惹祸上身，所以干脆不说话！我实在是烦透了，不想说话！

事实上，一时的沉默就像是男人们的阻断机制，目的是阻止双方继续伤害彼此，而且，实事求是地说，男人比女人的语言能力要差得多，真要论理，他们不但跟不上我们的表述速度，也摸不透我们真正想要听到的内容，所以吵架对他们来说，真的是很挫败的一件事。

所以，为了不扩大事端，也为了保养自己的身体，我们女人必须在理解男人的心情和拙劣的语言能力之后，学习"忍受"并允许男人看似恼人、实则积极的冷处理模式。

别翻旧账，免得新仇旧恨涌上心头

女人擅长于用情绪记忆，尤其记得与当下相似情绪有关的事，男人记得事物，尤其记得和相似行为有关的事。

科学家说，这个区别和脑部负责记忆的海马回有关，因为海马回刺激睾丸酯酮和刺激雌激素、黄体酮的程度以及所激发的脑部反应区块不同，所以，女人容易新仇旧恨涌上心头，男人则对情绪的记忆比较迟钝。

这个区别也在夫妻的不快中扮演了重要的角色。女人的情绪记忆，让当下的不开心和以往的不开心叠加在一起，不但越想越气，难过的强度增加了，"铁证如山"的心理认知同时也被强化了。所以女人在埋怨男人"今天午饭"的碗没洗干净还有饭粒在上面时，会说：我知道你不情愿，所以"每次"都不好好地洗碗，我知道你不想带我出门，所以"每次"都只顾自己玩，"从来"不管我！我知道你不喜欢回我们家过年，所以"去年过年"你和我爸说话的时间还不如玩手游的时间多……

当男人听见这些欲加之罪和陈年旧账又被翻出来数落一遍时，会绝望地想：我的天啊，难道我这辈子是翻不了身了吗？当然，这些陈年旧账也会被他用来合理化自己的行为：反正不管我怎么说，怎么做，你都不满意，都不高兴，那干脆我就不说，不做了！所以，为了不落人口实，也不让自己生无谓的气,关注当下,也是我们必须学会的技巧。

别殃及池鱼,扩大事端。有些人你是不能碰的,例如他妈妈和你妈妈!

切记、切记,吵架不但得就事论事,控制情绪,也千万不要殃及池鱼,尤其是不要吵着吵着就从两个人的问题上升到全部家庭成员的问题上。想象一下,如果他很轻易地"提及"了你的妈妈,对你的妈妈有言语上的不敬或评价上的贬损,你是不是会暴跳如雷,甚至想跟他拼命?那么,换位思考一下,你就知道为什么有些人是不能提、不能触及的了!

如果我们之间的争执起因确实来自于一方的长辈,请参看我在"两个女人的战争"那一章节中对这个问题的说明和应对建议。

别拉帮结派,饶了孩子吧!

我在为濒临分手的夫妻进行婚姻治疗时,常常会发现有些父母会拿孩子作为争执拉锯的筹码,要不,把孩子拉进自己的阵营,壮大自己的力量,要不,把对对方的气,出在孩子的身上，用伤害"你的孩子"来惩罚对方，让对方心疼。

对未成年的孩子来说，他们的小小世界是以父母为圆心所画出的一个大圆，这个大圆的半径，也就是他的安全舒适圈的半径，他对世界的认识，是站在这个大圆里往外探索的结果。如果这个大圆的半径很小，他的视野就不够远，不够广阔；如果这个大圆的圆周充满了不光滑的棱角，他对世界的认知也就变得扭曲而不平滑；如果这个大圆常常发生地震，他对世界的感知也会是动荡不安，缺乏安全感的。

所以，夫妻吵架虽然在所难免，但仍然必须学会在成熟的态度下保护孩子的情绪和心灵。除了刚才提到的不要拉帮结派，强迫孩子在深爱的爸妈之间做选择，和不要拿孩子出气伤害对方之外，还需要留意几件事：

1. 尽可能控制自己，不要在孩子面前吵架，更不要维持太长时间的冷战。孩子非常敏感，很容易从爸妈的脸色和家庭的怪异氛围中察觉到问题。

2. 如果在孩子面前的冲突已不可避免，请在情绪安静下来时，简单地告诉他爸妈不开心的原因，让他知道发生了什么事，这比让他自己一个人惴惴不安地猜测要健康得多。所以，不要跟孩子说：大人的事你不用管，没事，没事，妈妈只是眼睛里进沙子了！我们可以说：刚才爸爸妈妈为了……意见不一致，所以有点不开心，但是我们都很爱对方，也很爱你！

3. 如果双方的分歧已经到了无法弥合和挽回的程度了，也需要清楚地让孩子知道可能会发生的事情（上了小学的孩子，就已经能理解爸妈的意思了），但一定要告诉他，爸爸妈妈都很爱他，爸爸妈妈的分开，不是他的错。

最后，在事态失控之前，要聪明地立刻收手。

这句话真心是对女人说的。

还记得我在前面几章里所说的男人和女人的区别吗？由于远古时期的男人需要在山里奔跑追逐猎物和伐木修建房舍，所以他们的身体结构被设计成坚硬的肌肉比例最大，骨骼也粗壮厚重。女人因为要养育怀抱孩子和做针线活，所以身体结构被设计成柔软的脂肪比例最大，骨骼也纤细灵活。这个身体结构的区别，让男人比女人更孔武有力，爆发力也更强而猛烈。

除了身体结构让男人更适合打架之外,他们体内的雄性荷尔蒙,也会在肾上腺素被刺激后,大量分泌而变得失去理智。这个时候,如果真要打起架来,脂肪比例多的女人是打不过男人的。所以,女人一定要学会在事态还没有失控前,立刻收手,免得将言语的争吵演变成肢体的冲突,甚至演变为导致肢体被伤害的家暴。

本意上,心理健康的男人是绝对不会想要伤害自己最心爱的妻子的,所以他们在被挑衅得怒不可遏时,会用诸如踢翻椅子、捶打墙壁或自己,来发泄暴涨的怒火和控制住即将对女人伸出的手。可是如果这个时候女人还不懂得收手,还在继续用言语或行为讥讽挑衅,那么局面就有可能失控,演变为两个人事后都后悔不已的结果。而且,一旦肢体冲突或家暴的心理警戒线被冲破了,它就很容易成为日后解决问题的习惯(因为没有什么需要去努力控制的了!),而身心受创的就肯定会是身体力量先天不足的女人了!

第九章

117

◆ 钱，是最伤感情的！

我曾经在伦敦听过一位很有生命智慧的哲学老师讲的课，他说，如果你能在全世界的各个宗教朝拜场所里聆听朝拜者的祈祷，就会发现，最多的祈求主题有两个：一个是爱，一个是金钱，而且它们分别又是两个能影响幸福感最巨大的能量，一个是抽象的，一个是具象的，一个旁人很难去量化它，一个旁人很容易就能量化它。

对健康的婚姻来说，爱和金钱，不也是既能载舟、亦能覆舟的能量吗？我们因为拥有爱和金钱所带来的安全感，而组建快乐的家庭，却又因为处理不好爱和金钱所带来的紧张关系，而选择分开。所以，在论及如何维系家庭，如何经营夫妻之道时，"钱"就绝对是个不能被忽略的重要因素。

我不是金融专业人士，不是理财专家，更谈不上是理财高手，所以我没法在这里告诉你应该怎么管理家庭的经济，或该做哪些既稳当又可获利的投资。为了能写出对读者负责任的建议，我读了很多婚姻专家对这个问题的论文报告，更请教了十多对、婚龄在30年以上的夫妇，请他们告诉我他们在处理夫妻财产上的秘诀。所以，以下的建议既有婚姻专家的背书，又有"婚姻达人"实际的生活经验，其中当然也包括已婚36年多的先生和我的经验和看法。

首先，作为过来人，我们要给年轻的孩子们几个重要的原则：

1. 千万不要让"钱"成为横亘在你们之间的秘密。一来，为了隐藏这个秘密，你可能要付出很多的紧张焦虑和担惊受怕。二来，这个秘密迟早会被揭穿，而且一旦被揭穿，它的后坐力和杀伤力，不可小觑。

2. 金钱是一个可以被量化的东西，同时代表了权力。很现实的情况是，一个家庭当中，谁赚的钱多，谁在这个家里就具有比较高的地位和决定事情的权力。这不仅仅只发生在夫妻之间，在家庭中已成年的兄弟姐妹之间也是一样，哪一个孩子有能力赚最多的钱，他自然而然在家里就具有更多的主导地位，这是一个现实的问题，也是一个不争的事实。

3. 既然金钱意味着权力和地位，那么，在父系社会传统价值观的影响之下，如果家庭男主人的收入是主要的经济来源，夫妻之间要处理的情绪会比较小，如果女主人的收入是主要的经济来源，就有比较多、比较敏感的情绪需要消化。

4. 老话说"贫贱夫妻百事哀",虽然金钱买不回爱情,但金钱的能量却巨大到足以稳固爱情,并且稍有不慎就伤害了爱情。所以,"爱情"和"面包"之间,并不是二选一的零和关系,而是相辅相成、彼此帮补的关系。

谁来掌管家里的钱?

每个家庭都有自己的价值观、对金钱的态度以及不同的现实情况,所以,对于应该由谁来管钱,并没有一个举世皆然的标准。不过,夫妻俩在婚前趁着爱情炙热时,先做好婚后的财务规划却是十分必要的。

一对处于爱情甜蜜期的恋人很容易陷入浪漫的爱河,走进短视的怪圈,忘记要环顾全局,为未来的长远发展计划做好盘算。有些夫妻结婚初期甚至不愿意或不好意思直面金钱问题,觉得谈钱没品位、伤感情,而且对自己的薪水收入很有自信。于是在当一天和尚撞一天钟地过下去之后,才发现钱不够花了,或你花得太多、我花得少了,最后在诸如此类的问题爆发之后,才发现从一开始没有规划确实给日后造成了一些不必要的麻烦。

青心文化
新书书目

SPIRITUAL
CULTURE
CATALOG

2021/2022

在阅读中疗愈　在疗愈中成长
READING & HEALING & GROWING

零极限
69.00元

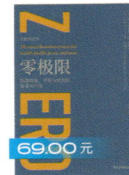

《零极限：创造健康、平静与财富的夏威夷疗法》

[美] 乔·维泰利 / [美] 伊贺列卡拉·修·蓝 / 著 | 胡　尧 / 译

作为世界超级畅销书，由《秘密》作者之一乔·维泰利主笔，讲述了他在一个夏威夷精神病院中遇见世界上奇特的治疗师修·蓝博士的故事。如果你用不受限的眼光看世界，让心智回到“零极限”的状态里，那每一件事都是可能的。

新零极限
69.00元

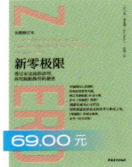

《新·零极限》

[美] 乔·维泰利 / 著 | 彭　展 / 译

正宗《零极限》续集！《零极限》没说完的事，本书一次告诉你！附带超值附录，只有参加“荷欧波诺波诺”课程才能学到的奥秘！

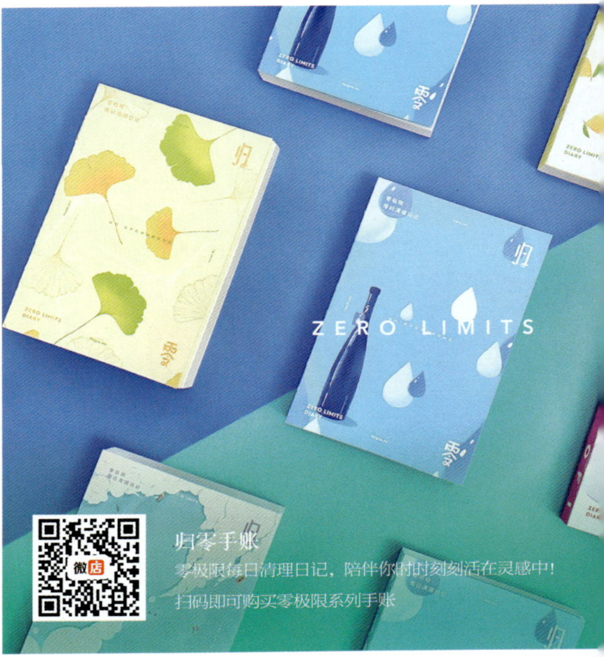
ZERO LIMITS
微店
归零手账
零极限每日清理日记，陪伴你时时刻刻活在灵感中！
扫码即可购买零极限系列手账

因此，应当趁着爱情尚且炙热、不会怀疑彼此的爱情之时，趁热打铁规划好家庭经济的管理方式，是开一个共同账号共同经营？还是财务独立各用各的？谁负责掌管财政大权？每个月得固定存下多少钱？一旦制定规划的管理方式经过双方同意被确认下来，夫妻双方就都要具有契约精神，遵守规则。

不过，在这里我得提醒女孩们一件事，请不要在"钱"和"爱情"之间画上等号，不要上纲上线到"你如果爱我，就要把钱都交给我"，谁负责掌管家里的财政，除了爱和信任之外，还要考量谁具有这方面的专业能力，谁能给家里创造出更大的共同效益。如果，我们以为能用管好对方的荷包来管住对方出走的心，最终的结果一定是会让自己失望的。

另外，有多年婚姻经验的前辈们给出的建议是，对一个双薪家庭来说，不管每个月的薪水是夫妻合在一起共用，还是夫妻各管各的，每个家庭都要尽可能地有一个或几个、金额可大可小的项目基金，这个项目基金可以是各种大项的、可预期的开支，比方说买房或换房的基金，孩子的教育基金等等。夫妻俩每个月从收入中拿出一定的金额，存在银行里。这个基金不管大或小，多或少，都能给年轻的夫妻带来家庭的紧密感、安全感和对未来的期待。而且也确实能应付可能出现的不时之需。

我该存私房钱吗？

私房钱或小金库听起来有些贬义和自私的味道，好像原本应该彼此信任的夫妻之间，存了私心去为自己藏钱，或因为对这桩婚姻没有安全感，所以需要在钱上面留一手，好为日后的生活储备筹码。

实际上，专家和前辈们建议，夫妻两人都应该，或者是都可以拥有自己可以完全支配的小金库或者是私房钱。因为它能够给我们带来更多的用度自由，减少夫妻间一些不必要的摩擦。对于重视建立人际网络的现代人来说，我们每个人都有除了婚姻生活之外的社群团体，他们可能是工作上的伙伴，可能是从小一起长大的发小，可能是曾经参加同一个社团的大学同学，维系人际关系难免会需要一些交往上的花费，如果在每一次请客吃饭、喝个小酒、送个生日礼物之后，都需要回家说明情况，实报实销，那就有可能在这些事情上产生不快,就真的会伤感情了。

另外,小金库还有一个美好的用途,那就是夫妻之间的"礼尚往来"。我喜欢夫妻之间互送充满情意的礼物的感觉,生日礼物、结婚纪念日礼物、母亲节父亲节礼物,礼物不需要贵重,但要带着满满的爱意和关怀,让对方感受到被珍视的喜悦。而礼物之所以被称为礼物,就是因为买这个东西的钱是别人出的!

说到夫妻之间互送礼物这件事。我是个很会送礼物给先生的人,但是不解风情的他却从来不送礼物给我,他认为,家里的钱都在你那里,想要什么,尽管自己去买,不需要这些恶心巴拉的形式(我们那个年代的木头男人啊!)。一开始,我很伤心,觉得他对取悦我的事一点都不上心、不努力,现在,我释怀了,每次想给自己买个心爱的东西时,我都会巧立名目,然后开心地告诉他:告诉你一个好消息,你给我买了一个礼物!

当然,小金库之所以称之为"小",就是指它只能够占家庭共有金额的小部分,而且必须量力而行,否则就会变成不负责任的本末倒置了。

财务上的秘密，要不得！

对夫妻来说，会牵涉到财务秘密的一个潜在的因素，就是自己的原生家庭。很有可能某一方的父母需要用钱，或者是兄弟姐妹需要用钱。当我们的原生家庭需要我们协助的时候，我们当然不能坐视不管，但是协助也需要有一个尺度。

第一，必须量力而行。夫妻双方都必须明白，当我们共同组成了一个新的家庭以后，就必须对这个家庭做出承诺，并承担承诺所带来的责任。这个责任不仅仅是对我们的配偶，更是对我们的子女。所以，当我们在面对原生家庭的需求时，一定要在不损及新家庭的情况下量力而行。也就是说，必须以自己家庭的财务安全为基础。

我认识一对夫妻，因为太太逼迫先生给自己做生意的弟弟担保，不但抵押了自己的房子，还向银行借了一大笔钱。没多久，时运不济的小舅子在公司倒闭之后消失得无影无踪，这对夫妻不但被银行没收了房子，还背了一大笔债务，最可惜的是，他们原本考上了一个很好的私立大学的女儿也被迫休学，在超市里找了一份打扫卫生的工作。

第二，必须是两个人共同的决定。在决定向原生家庭或好朋友伸出援手之前，一定要经过夫妻双方共同的讨论，并且在讨论得出共同都满意的结果之后才能实行。绝对不能够私下就做出决定，然后让自己背负着这个秘密。因为这个秘密，总有一天会被拆穿，而拆穿了以后对婚姻的伤害，其力道之大，绝非你所能想象。

第三，虽然我们提到如果实际情况许可，夫妻两个人都可以拥有小金库或是私房钱，但是当任何一方要做涉及风险的投资或向亲友借钱时，例如股票、基金、期货等等，都一定要征得配偶的同意或经过夫妻之间的讨论。因为但凡有风险的投资，都会有赔的可能性，如果一旦投资失败，就需要夫妻双方共同来承受，如果不事先征得配偶的同意，这对不知情的配偶来说是不公平的。

有些人在负债的雪球越滚越大，到了破产边缘也不肯向配偶坦承，这种时候，不单单是自己的身心健康会受到影响，夫妻关系也会岌岌可危，孩子也会因家里压抑氛围的影响，感到害怕，被剥夺了安全感。因此，与其到最后一步因为钱，使得双方的信任崩塌，不如从一开始就拿出来开诚布公地讨论，多一个人多一个脑袋，彼此扶持，共渡难关。

我在这个章节的一开始,就说明了金钱和爱是这个世界上最巨大的两种能量,它能载舟,亦能覆舟。如果我们认为爱的秘密和背叛,是对婚姻的不信任和伤害,那么,金钱的秘密和背叛,也是对婚姻的不信任和伤害,所以对待金钱一定要像对待爱情一样,保持它的透明度和尊重。

能用钱解决的事,就是最好解决的事

经过岁月历练的人都会这么告诉你:这个世界上有很多事,是用钱也解决不了的!

我们不能用钱来挽回生命;不能用钱来买回爱情;不能用钱来弥补伤害;不能用钱来养出优秀的孩子……事实上,在这个世界上,只要是能用钱来解决的事,那就是最好解决的事,因为很多关乎心灵、情感和爱的事,是用钱也解决不了的。因此,夫妻之间在看待金钱的使用上,只要不伤筋动骨、不动摇根本,就不要舍本逐末锱铢必较,免得因小失大,伤了感情,那就得不偿失了。

第十章

127

● 孩子的管教,是最容易引爆的地雷

在我们家，由于我自己就是儿童行为与心理方面的专业治疗师，儿子的管教自然由我来制定方针，全权负责，我先生只是政策的配合者和执行者，因此我们不太有机会因为儿子的管教问题发生矛盾。但是，在信息爆炸的今天，孩子的管教有太多乱七八糟的声音掺和进来，媒体、朋友圈、专家……光是这些外来的声音就足以干扰我们的判断，更别提少子化的今天，全家人都想搅和进来的盛况了。

所以有很多家庭的实况是，今天为了孩子该不该吃巧克力不开心，明天又为了孩子该不该早点睡觉生气，上个星期为了宝宝要不要送早教中心发生争执，下个星期又为了宝宝要不要学钢琴吵架！这些争执来得突然，没完没了，而且坏消息是，它几乎永远不会有功德圆满的那一天！（你不相信？问问孩子都已经长大结婚了的爸爸妈妈们，你就会知道，对于孩子的管教、担忧、操劳，做父母的永远都没有到头的那一天！）

我之所以用了这么吓人的语句作为这一章的标题，实在是因为它确实是一个会影响夫妻关系的"慢性"诱因。从社会心理学的角度来看，我们每一个人在有了自己的子女之后，都会不知不觉地变成了自己的父母，这种变化并非本意，也不自知，它是潜藏在无意识之中的模块，一旦成为父母，它就顺理成章地溜了出来，成为自己对孩子的教养方式。

另外还有一个极端，就是我们在经历了自己特别不愉快的童年之后，极力要成为和自己爸妈不一样的父母，于是我们会刻意地去做一些和无意识中那个模块的行为完全不同的事，这种代偿心理，如果掌握得不好，有时会成为矫枉过正的情绪和行为。如果我们的配偶的教养模块和我们所痛恨的模块有若干相似之处，那么夫妻在对孩子教养上的歧见，就会形成非常激烈的冲突。

现在，我用数学题的演算方式来告诉你，为什么我要用引爆地雷来形容它！

你的教养方式 = 你的原生家庭的教养方式（顺时针或逆时针）+ 成长中你所接受到的教育 + 目前亲子教育的主流价值观（孩子在读班级的家长圈 + 朋友圈里的晒图和炫耀）+ 像我这样所谓的亲子教育专家们的指手画脚 + 七大姑、八大姨在你耳边的絮絮叨叨。

他的教养方式＝他的原生家庭的教养方式（顺时针或逆时针）＋成长中他所接受到的教育＋目前亲子教育的主流价值观（孩子在读班级的家长圈＋朋友圈里的晒图和炫耀）＋像我这样所谓的亲子教育专家们的指手画脚＋七大姑、八大姨在他耳边的絮絮叨叨。

你们家的教养方式＝你的教养方式＋他的教养方式

你看见这道题有多么热闹了吧！

那么，我们该怎么把这个复杂难解的数学题做好呢？以下是七点建议：

1. 知道夫妻教养观点不一致是很正常的

有时候，半夜三点，你的睡梦正酣，小床上的宝宝突然狂哭不止，你挣扎着起床喂奶，转头看着身旁的他事不关己地打着呼噜，心里想，我绝对是这个世界上最倒霉的人！其实，比你更倒霉的大有人在，你如果这么想，在同一个夜空，同一个城市，不同的屋檐下，有一个眼皮重得没法睁开的新手妈妈，也愤愤地看着事不关己打着呼噜的老公，你就会知道自己并不孤单。

我在上文中说过，夫妻的原生家庭和成长经验，对他的教养观念有着非常大的影响，所以，教养观念不一致，是天经地义的事，你不用把它上纲上线到三观不合的高度。而且我要特别提醒的是，夫妻间如果对对方的原生家庭有上驷对下驷的傲慢心态，这桩婚姻就很难继续走下去，一定会在某个节点出现问题的。

前几天，我在一个关于婚姻的演讲中，回答了一位女士的问题。这位女士"显然"有着很好的教育程度，提问的内容中夹杂着好几个英文单词和专业词汇。她问我：金老师，我怎么样才能改造我的先生和教育他的父母，因为我担心他们会影响我的孩子！

平常我在回答这一类的问题时，会耐着性子谆谆劝导，但那天由于我实在太累，对屡屡接到这类提问内容也太心烦，于是我用温柔的语气，但犀利的内容问她：你凭什么认为自己有权利去教育别人？凭什么认为自己的水平高于别人？又凭什么认为别人需要你的改造？我本来想继续追问，如果你先生需要你那么辛苦地去改造，当初为什么要跟他结婚？但想想已经对她够严厉了，于是作罢。

我想说的是，除去傲慢对婚姻的影响不谈，父母任何一方的傲慢态度，也会对孩子造成极大的影响。首先，我们给孩子树立了一个很糟糕的示范，让他在耳濡目染中也学会了傲慢的态度；第二，出于生存的原因，越小的孩子越会察言观色和讨好父母，当他看见父母的某一方明显站在上风，就会随之做出自己的判断。如果，我们让孩子不尊敬、不仰望自己的父亲或母亲，对他来说，既是典范的缺失，也是性别认同的不完整；第三，因傲慢的态度所引起的紧张关系和家庭氛围，会剥夺孩子的安全感，让他生活在会失去双亲之一的恐惧中。

当然，我们虽然明白教养存在差异是不可避免的事，但如果父母一方在管教上出现了任何暴力的形式（肢体上、言语上、情绪上、精神上、经济上），那就是不能被允许的事。这个时候，就需要寻求专业人士的协助了。

2. 请记得，夫妻是站在同一战线上的队友

有些时候，当夫妻双方为了孩子的管教问题争执不休时，会突然感觉我们好像是一场战役中敌对的两方，双方都拼了命地想打赢这场战争，目的只是为了证明我的管教方式才是最好的。

夜深人静时，如果这个想法涌上了你的心头，在备感荒唐和凄凉之时，你要立刻走向你的配偶，告诉他，也告诉你自己，其实我们都是人生的赢家，因为我们赢得了彼此，还何其有幸地拥有了一个心爱的孩子，我们是站在同一艘船上的队友，我们的航行目标相同，心意也相同，因此让我们一起牵着孩子的手，航向同一个美好的目标。

3. 理解他执着的管教观念从何而来

很多时候，我们会紧紧地抓住一个想法或一个观念不放手，明明知道它也许是错的，但事到临头却又一再地坚持己见甚至重蹈覆辙，好像自己的身体里有一块隐形的磁铁，只要遇到相同的事情或相同的情境时，就不由自主地被那个隐形磁铁给吸过去，坠入不断重复的循环之中。

我们常常忽略了原生家庭对一个人深远的影响，以为孩子长大了，接触了外面的世界，他的人生观和价值观就会改变。是的，从外界的行为表现来看，这个想法也许是对的，但如果我们了解发展心理学，明白个体在每一个成长阶段里的发展任务，就会知道有些东西是从一个人很小的时候就被植入进思想体系里的，这些根植在潜意识里的观念和自身经验，会在日后像大海中的灯塔一样，一直引领着他前进的方向，不管你选择哪一条水路前行，最后都会在同一个港口靠岸。

所以，我们总说父母的言传身教很重要，总说家庭氛围对孩子安全感的建立很重要，总说童年的经验如何深植心中并影响一个人日后的情绪表现，就是因为它会成为那块隐形的大磁铁，几乎在我们还没有成长到足以走出家门去闯荡的时候，就已经注定了我们的未来。

我们和配偶之间管教观念的不同，就是因为两个人的身体里都有一块大磁铁，很多争执的起因都是因为这两块大磁铁之间的互相排斥所造成的。所以，为了能找到一个让磁铁互相吸引的方法，我们必须心平气和地听听彼此的声音，例如：倾诉童年让自己印象深刻的记忆（快乐的或忧伤的）；

在当时幼小的心里，爸爸妈妈是什么样的人；对朋友的态度；对金钱的态度……这些深植在心底的情绪记忆一旦被唤醒，就会像让公主沉睡的魔咒被王子的亲吻解除了一样，渐渐地失去了它的吸力，使我们获得心灵和心智的自由。

此外，倾听对方深植在心中的声音，也能拉近夫妻之间的距离，让彼此不仅仅是夫妻和恋人的关系，还是懂得对方心灵的最好的朋友。

4.两人私下里安静地讨论

不当着孩子的面吵架，包括了不在他们面前为了管教方法的不一致起争执，是所有的婚姻专家和亲子教育专家们都会对家长们耳提面命的事。因为对年幼的孩子来说，爸爸妈妈为了他不乖而吵架，会让他很害怕，担心爸妈从此不再爱他、不要他了，这是让年幼的孩子没有安全感的主因之一。对大一点的孩子来说，爸妈的争执正好是他可以投机的机会，他会察言观色，看看哪一方是自己可以依靠的，甚至还会故意让爸妈之间的分歧扩大，好让自己从中得利。

我相信这个道理家长们都懂得，但实际上却不容易做到，因为养育孩子是每天 24 小时，每个月 30 天，每年 365 天的马拉松长跑，在这漫长的岁月期间，我们不可能天天都能维持好心情，都能控制住自己也需要发泄的情绪，所以我才说这句话看起来容易，做起来却很艰难。

所以我们需要彼此提醒，在大家都开开心心、心平气和时做好约定。而且俗话说，一个巴掌拍不响，如果哪一方今天心情实在不好，另一方就要按住火气，不接茬，等哪一天另一方又心情不佳时，这一方也必须努力容忍，给予支持。这样一方面避免了在孩子面前起冲突，让孩子看见你们彼此支持，意见一致；另一方面也为孩子做了良好的示范，令其知道面对可能发生的冲突时，情绪是可以被控制住的。

当然，避免冲突并不意味着不直面问题，夫妻两人必须在没有第三个人在场的时候，平平静静地讨论刚才所发生的事，寻求一个两个人都同意的举措，以便下一次相同的问题发生时采用。我之所以强调要没有第三个人在场的原因是，如果有第三个人在场，例如奶奶、姥姥或保姆，讨论的双方就会有"要面子"的竞争情绪，结果在你来我往的恼羞成怒之下，反而失去了讨论的焦点和达成共识的契机。

5. 达成共识，找到解决问题的方法

所谓"达成共识"，是指在讨论之后，找到解决问题的方法，而不是硬让哪一方无奈地妥协。举个例子来说，也许你的配偶比较严格，会一直挑孩子的毛病，不管是在饭桌上，或是在辅导孩子的家庭作业时，都会把家里的气氛弄得很压抑。你知道家长是应该教育孩子的，但也觉得他这样总是批评孩子也不太适当。

你知道不能当着孩子的面阻止他，所以趁着孩子到姥姥家过夜的那个周五晚上，只有你俩一起舒舒服服地躺在床上时，再提起这个话题。你可以先表示自己对他管教孩子方式的理解，也认同孩子的行为需要家长的敦促，但也要提出你的建议（不是指责），例如，是不是我们先针对哪一个大方向，而不是让孩子觉得自己一无是处？如果在各抒己见后，我们都同意以大方向为原则，例如，不好好吃饭或做事拖拖拉拉，那就在这段时间先纠正最重要的问题，这样不但可以有改进的焦点，也不会总是让孩子哭哭啼啼的。

此外，我们也可以在把自己的想法自由地表达出来之后，讨论出两个人都同意的、最适当的管教方式，然后站在

同一阵线上,齐心协力地一起去做。

6. 关于管教权责的划分

有了管教的共识之后,爸爸妈妈还要合理地分配对孩子的管教权责,划分好主和次,这所依据的就是各自的专业能力、时间和精力,这些都是非常现实的因素。就好比在一个团队里,谁主攻、谁助攻都需要划分职责。只是,一定要记得,一旦决定了主次,就不要拿粗暴的量化指标来衡量配偶对孩子的爱。

例如,妈妈们喜欢拿"你都不爱孩子!"来说事,我们明知这种话是不客观的,夫妻俩都爱着孩子,只不过是受到观点和表现能力的限制,使得爱流于外在或深藏于心。另外,必须提醒的是,夫妻俩是同一艘船上的队友,要齐心协力,彼此帮助,不要让双方家里的老人或从吃奶开始就照顾孩子的保姆,成为横亘在我们之间管教孩子的阻碍。

7. 一同享受孩子的成长时光

为人父母是一个长期的、伟大的、艰辛的、却也幸福无比的职业。在这个过程中,有鸟语花香,也有狂风骤雨;有温馨甜蜜,也有焦躁不安。睡眠不足的新手妈妈会仰天长叹,不知道孩子的夜里哭闹什么时候才是尽头?家有青少年的爸妈会焦虑不安,不知道学习不好的孩子将来会走哪一条人生之路?也许"为人父母"在每一个家长身上的表现方式不尽相同,但所有的过来人都会感慨地说:唉!孩子一下子就长大了!时间过得太快了!

是的,我们在拉扯孩子长大的马拉松长跑中,在每一个小阶段里看似没有尽头,但蒙着头呼呼地跑了一段时间之后,回头一看:哇!已经跑了这么远啦!而且在奔跑期间,愿意着眼于道路两旁的繁花似锦或着眼于道路两旁的野草枯藤,完全取决于我们自己。所以,既然为人父母既漫长又短促,既快乐又疲惫,那就让我们手牵着手一起享受孩子跌宕起伏的成长时光吧!

第十一章

140

◆ 亲爱的,今晚不行!

除了学会妥善地处理好两个人的情绪之外,还有一个对忙碌焦虑的现代人来说,比较尖锐而敏感的问题——性生活。所有婚姻专家都同意,性生活是否和谐,是30~40岁双生涯夫妻要面对的严峻课题之一,尤其是当两人都有忙碌的事业,都承受焦虑的生活与工作压力时,这个问题更加明显。

我曾经处理过一对在工作上十分出色的夫妻的问题。他们有个可爱的三岁大的儿子,做妻子的告诉我,自从生了儿子之后,他们性生活的质量和数量都每况愈下,而且在公司担任高级主管的先生,还不断偷腥,让她倍受羞辱。在最近一次先生的偷情事件发生后,她坚决提出离婚,可是先生却声泪俱下地跪地求饶,告诉她那只是发泄压力的方式,他心里最爱的还是她和孩子。

很多婚姻心理学家都会一再地"警告"临近中年的夫妻要注意堪称为"幸福风向标"的性生活,我也常常被问及幸福的婚姻该有什么频率的夫妻生活。我的答案也许会让你们吃惊,因为我并不认为夫妻之间一定需要什么样的做爱频率才算是幸福美满,我也不希望忙碌的夫妻认为没有什么样的频率就表示自己有问题。

轻松而愉悦的性生活

事实上,维系夫妻关系的是亲密、彼此相属、互相爱恋的情感需求,这些需求当然可以从性关系中得到满足,但是同样也可以从亲吻、拥抱、呢喃、欢笑中得到满足。对于两人都是忙碌上班族的夫妻来说,如何在工作之余、照顾孩子之余、在时间已被压缩的家庭生活中,维持亲吻、拥抱、欢笑和谈话的习惯,远远要比只是例行公事"泄愤"一般的性来得更实惠。

在这里我试着描绘一个温暖的场景和你分享我的看法:

吃完晚饭后,好不容易把孩子送上床的疲累的妻子走进厨房,同样疲累的先生还在水槽前奋力地洗碗。疲累的妻子走到先生背后,静静地将整个身体贴在先生的背上,双手环绕着他的胸膛,先生继续洗碗,可是胸膛间的起伏却足以让人心神荡漾。

是的,这就是我喜欢的场景,不需要太用力、太刻意地去完成什么,只要时刻让彼此知道:我爱你,我享受和你在一起的时光。

还记得刚才那个不断偷腥的丈夫吗?我知道他的问题在哪里。

许多心理挫败的男人在面对能力出众、气势逼人的妻子时,为了证明自己的男性主宰力量,会产生"狩猎"的欲望。他的狩猎行为,只是一个图腾,一个证明自己男性力量的象征,但不一定希望能得到结果。他们的目的不一定在于离开家庭,或失去对妻子的爱情,他们只是利用原始的能力去确认自己的价值,确认他还具有"虏获"女人——"这个低等动物"——的能力和权利。

所以,如果我们想让他安分地待在身边,就尽量不要让他产生需要去证明自己阳性能力的机会。我知道上了一天的班,又和孩子折腾了大半天,身心俱疲的我们实在已经没有任何想说话的闲情逸致(实际上,他也和我们一样,累得只想趴在床上),但是你们能不能试着养成在睡觉前说一会儿话,温柔地抱抱,亲昵地爱抚,分享几个可以一起大笑的笑话？哪怕只有几分钟，都能更新彼此的爱意，并且消除他心中"大女人"的疑虑。

对于性，女人最容易犯的六个认知上的错误

性爱，是平淡婚姻中的黏合剂，夫妻可以选择不同的方式来表达对彼此的亲昵，不管是爱抚、拥抱、亲吻，都可以传达甜蜜的爱意。但是，专家们也列举出了女人在性爱中最容易犯的六个认知上的错误，提醒女人们千万别坠入这些盲区而伤害了自己。

1. 他必须是主动的那个人

或许是受到父系社会长期以来对女性地位、扮演角色的制约，以及一些约定俗成的不正确观念的影响，有些女人觉得自己在性爱中必须扮演被动的那个人，即使心动，也不能主动提出性爱的需求。

这种观念上的束缚，对00后或90后的年轻孩子们可能已经不再是个问题，但根据我作为婚姻治疗师的经验，还是有很多三四十岁、不属于老古板那个年代的年轻女士，因为

女性的矜持和莫名其妙的骄傲，而仍然有着这样的自我束缚。事实上，从大家都明白的道理上来说，性爱不是什么可耻的事情，有欲望也并不丢人，更何况，自己亲密接触的渴望对象，不是陌生人而是自己最亲爱的先生，所以这层薄纱更是没有必要。

但是，专家理解女人们骄矜的心理，让我们像个开放的西方人那样赤裸裸地直白要求，也确实不是每个女人都容易做得到的事，所以建议我们可以用一些比较迂回的方法来表示，找到一个只有两个人才懂得的"示爱密码"，而且这个方法不但避免了害羞，还能增加夫妻之间的亲密情趣。

比方说，我的一位好朋友和他的先生就用"微醺"作为两人之间示爱的密码。这个密码的由来是因为一次先生在外面和朋友小酌回来后，在微醺的状态下两人享受了一次非常美好的性爱，于是，只要以后任何一方有心动的需求，就会很暧昧地说：我今天很微醺！对方一听，就立刻心领神会了。

2. 过于在意自己的身材

美国一份性心理学的研究发现，在性爱中关注自己身材的女性，性爱中经历高潮的比例只有42%，但没有受到身体意识干扰的女性，则有73%的情况是享受的。

随着年龄的增加，没有人能逃得过岁月沧桑和地心引力在身体上留下的痕迹。我们如此，其他人也如此，女人如此，男人也一样如此。而且，在大量性激素的催情作用下，生理器官的经验要比视觉重要得多。

许多不同国籍、不同民族的性心理学家，都曾经对能让男人性兴奋的因素做了各种研究和调查。他们不约而同地得出了一个结论，那就是男人在性兴奋时，触觉的感受占据了最重要的位置，其次是嗅觉和听觉，最后才是视觉。也就是说，男人在动情时，看见什么并不重要，感受到了什么才是关键。更何况，在绝大多数的情况下，夫妻都是在灯光幽暗的卧室里享受性爱，此时视觉就更是无伤大雅了。

当然，视觉虽然并不重要，但我们也不能对岁月的消磨束手就擒。好好地保养身体和皮肤；尽可能地保持身体的柔软度；睡觉前喷上淡淡的诱惑香水；穿上舒适而小小性感的睡衣；选择能增加情趣的室内香薰；说一些诱惑挑逗的甜言蜜语，这些都能抵消不再完美的身材所带来的"瑕疵"。（别忘了！不是只有我们的身材有瑕疵，他的身材也有瑕疵呢！）

3. 他应该随时能奋起

很多女人对男人的生理机制存在误解，以为男人都是用下半身思考的动物，只要遇到诱惑或机会，就算是对着不爱、没有感情的女人，也能立刻奋起，而且，即便女人兴致不高，他也能兴奋如常。

事实上，性爱中的气氛对夫妻双方来说都很重要。男人和我们一样也需要在享受性爱时的安全感和被需要感，他们不是低等动物，我们所珍视的感受他们也一样珍视。所以请不要拿性爱当筹码，也不要在他兴奋的当口泼冷水，这样不但对男人是很残忍的事，对夫妻亲密感的破坏也威力无穷。

4. 我不能明说自己的感受和需求

这又是一个骄矜女人的误区。我们不敢明说哪个部位或哪种方式让自己最舒服，生怕说了就好像不是一个矜持的好女人。另外，我们也怕说了会灭了男人的气势，让他误以为无法取悦我们，使我们感到满足。

实际上，不是所有的男人都是电视剧或电影里的调情高手，缺乏训练和指导的他们，只知道自己感受到了最原始的生理愉悦，却不一定明白如何才能让他心爱的女人也有和自己一样享受的感觉。他们之所以很在意自己的能力，主要的原因之一就是希望能满足他的妻子。所以很多婚姻性爱治疗师会教导女人如何"演戏"，就是希望能兴奋男人的性能力，或让受挫的男人恢复自信。

所以，女人们千万不要觉得害羞，大方地教导你的先生如何取悦你，除了让自己更享受性爱之外，也让他能在宽松的心情下，和你一同进入美好的境地。

5. 接纳新方式

有些妻子错误地认为，当先生建议尝试新的性爱方式时，实际上是他在暗示或嫌弃自己的技巧。这其实是一个很大的误解。

男人进入人生责任高峰期的 40 岁之后，在生活压力和工作压力的交相重负下，体力和精力毕竟大不如前。他们开始或多或少地担心自己的坚挺度和持久度都不如以往（这就是蓝色小药片那么风行的原因），于是他们会开始关注一些能帮助自己的方法。这些方法可能是男人酒桌上聊天时互相交换的情报，也可能是哪个男性专刊里的小贴士。总之，他们希望这些新方法能提升和妻子之间性爱的愉悦度，立意积极，目的明确，和嫌不嫌弃我们，风马牛不相及！

所以当先生明示或暗示我们尝试一个新的方法时，不要拒绝他，给自己、也给他一个打破成规、享受新欢愉的机会。如果你也喜欢，那就更好；如果你不喜欢，那就明明白白地告诉他，并且帮助他找到一个能共同取悦你们的好方法。

6. 男人对性不认真，找谁都行！

这真是误解男人、侮辱男人的错误认知。

女人们总认为，男人在性爱中并不需要爱情的支撑，就像有句话说的：女人因爱而性，男人却未必如此。事实上，在性爱中，爱情的支撑对于双方来说都是需要的，因为它能升华性的高度和满足度。

也许男人确实比女人容易"寻欢做爱"，但那完全是纯粹的生理需求，并不涉及心灵的享受。一个拥有健康和谐家庭的男人，在幸福婚姻的性爱中，尊敬自己的妻子，细心地留意她的需求，同时也小心地保护她不被伤害。这种结合了灵性满足与生理满足的境界高度，不是纯粹的生理满足所能企及，也不是在外寻花问柳所能达到的。

最后，千万不要落入只做爱、不说话的窘境

最后，在婚姻的激情阶段，我还比较担忧看到的另一个现象，就是在激烈的争吵后随之而来的激烈性爱。就像有些年轻妻子向我描述的那样：一边哭着一边做爱。这是许多年轻夫妻处理争执的简单方式，可却也是阻止婚姻中沟通和理解的致命障碍。我们很害怕沟通，很担心面对自己真实的想法，所以干脆用激烈的性爱来麻痹自己（或欺骗自己），以为只要有爱就能化解所有的不安，就能包容所有的歧义。这样压抑的结果，反而是两人越来越无法直面对方，也无法用语言来说明自己的想法，最后落得除了性爱之外就找不到任何共同语言，甚至失去了说话的力气和沟通的意愿。

所以，如果你发现自己的婚姻已经落入这种"只做爱，不再亲吻呢喃，不再说话"的模式时，请尽快截断它，尽快恢复曾经喁喁私语好几个小时都意犹未尽的无障碍时光。否则，当激情渐退，当婚姻走向下一个需要彼此了解的阶段时，你会发现，没有良好沟通能力的支持，只靠性爱，婚姻很容易面临无以为继的窘境。

第十二章

◆ 两个女人的"战争"

我本来想用诸如"婆媳之间相处的艺术"这一类比较文雅的字句作为这一章的标题,但想想还是用"战争"来形容它,一来,比较符合网络上吸引人眼球的词汇;二来,严格来说,婆媳相处确实也是一场需要智慧、尊敬、技巧、最终到达有爱的战役。

人类自古以来,不论古今中外,都有对这场战役的生动记录(比如那些欧洲宫廷里和中国后宫里让人听了忧伤的故事),所以它既不是新鲜事,看似也不可能完全避免,只不过,随着时间的流逝,如今站在较量线两端的女人已大不相同。

现代婆婆

首先,目前"还有精力与体力和儿媳妇斗法"的婆婆们,依时代背景来看,绝大多数孩子不多,或只有独生子,她们受过最起码的教育,是有电视可看的非文盲妇女们。她们从手机里的新闻、电视剧、邻里间三姑六婆等渠道中,听过了或看过了很多婆媳不和的故事。因此,在宝贝儿子决定要把一个原本毫不相干、却又狂热爱恋的年轻女人娶进家门之前,她很忐忑,不知道前景如何,因此"很可能"决定先摆好阵势，且战且走，预设了"西线可能有战事"的立场。

现代儿媳

而在这个时代背景下，绝大多数受过良好教育、有不输于男人的工作能力和经济收入的年轻女子，也听多了和看多了新闻、杂志、电视剧以及女朋友间的"真实惨痛经历"，因此在进入那个原本毫不相干、可今后孩子却要冠着人家姓氏的家庭之前，她很忐忑，不知道前景如何，因此也"很可能"决定先摆好阵势，且战且走，预设了"西线可能有战事"的立场。

既期待、又怕被伤害的心理预期

所以，当两个都很忐忑，都不知道前景如何，都决定先预设立场的女人相处在一起，就极有可能为了原来根本就不具任何意义的一句话、一个眼神、一个动作、一个决定，而给出了"符合自己心理预期和假设"的答案，并通过这个答案进而强化自己的预设立场。结果就是我们可能都知道的——两个神经敏感、肌肉紧绷、肾上腺素高亢分泌、处于兴奋备战状态的女人，为了保护城池，一不小心就擦枪走火，或干脆豁出去而导致烽火连天了！

换位思考，绝对必要

因此，在进行婚姻治疗时，每当解决或回答有关婆媳相处的问题时，我都喜欢先这么建议：把每一个问句里"我婆婆"这几个字先暂时盖住，换上"长辈"或"老人家"这几个字（拜托请别换上"如果是我妈"这几个字，聪明的你一定知道为什么！）同时，也把"我儿媳"换上"我女儿"，然后在没有那么敏感和没有预设立场的前提下，理性地再看一遍同样的问题，看看会不会有另外一个更好的答案出现？

如果你没明白我的用意，那么我用一个简单的事例来说明。对一个把疼在心里的宝贝女儿嫁出去的丈母娘而言，当她看见女婿对女儿呵护备至，家事完全不让女儿动手时，会特别欢喜满意，感觉女儿嫁给了一个懂得疼爱她的人，可如果这个场景换成了在婆婆家，婆婆看见自己的宝贝儿子忙得热火朝天，儿媳却坐在电脑前动也不动（不管是不是在工作），她都会气得冒泡，心想我从来不舍得使唤的宝贝儿子，难道这辈子要为这个女人做牛做马了?

你现在明白我的意思了吗?婆媳之间之所以自古以来就不消停的原因,就在于我们本来就站在"不同的立场",从"不同的角度"看见"同一个场景",所以对这个场景的解读,自然南辕北辙,所激起的情绪也自然大不相同。

还有,从女人"非理性"的思维角度来看,如果把你先生标注为一条绳索的中心,在这场姻亲关系中,婆婆自认为是"慷慨赠予"和"失去珍宝"的那一方,她把自己辛辛苦苦、把屎把尿养得这么好、这么优秀、这么可爱的儿子白送给你,而你,就是那个啥也没做就白捡了一个好男人的幸运女人,如果你得了便宜还不懂得感激,那就完全是你的不是了。基于这种既"委屈失落"又"大方赠送"的感性心理,婆婆就会更加留意得了便宜的那个人是不是配得上她的好儿子,是不是懂得感激她的劳苦功高,甚至是不是能延续她的优良的持家能力,而这种说不清楚、但却又说来就来的非理性思维,也是让婆媳关系更为紧张的隐性地雷。

因此在这里,我想倚老卖老地给出几个原则性的建议:

1. 对于婆婆，或对于任何一位比我们年长的长辈，要有"礼貌"，这是一个人最基本的守则和教养。你也许常常冲着自己的亲娘大吼大叫，但你是她怀胎十个月的亲骨肉，你在她面前有世界上可以拥有的一切豁免权，她对你毫无条件和无从选择的爱，可以不费吹灰之力地宽容你所有的任性忤逆。但对婆婆，或任何一位不是你亲娘的长辈，她们既不能、不愿、也不需要忍受和宽容你的没教养。因此，我再重申一遍：作为受过良好教育的现代女性，"礼貌"是对人最基本的守则和素质，而这个素质在婆媳的相处上更加重要。

2. 两个原本毫不相干，也许拥有全然不同的成长经验的人在一起（还记得我在前面的章节中提到的那个大磁铁吗？），即便是轻松愉快的搭伴旅行，都难免会有意见相左的时候，更何况这两个人今后的生活息息相关，所爱的人又几乎完全重叠。所以，和婆家相处要完全避免意见不同是几乎不可能的事，如何成熟而理性地面对意见相左并尽可能达成一致，才是婆媳两人都应学会的情商。

3. 如果我们已经定性婆媳意见不一致，是生活中的必然，那么既然不是你死我活的两军对峙，就绝对不需要拉帮结派寻求援军。通常在婆媳战争中最容易被争夺的是遭受池鱼之殃、左右为难的儿子和孙子女。基于多年婚姻辅导的专业经验，我可以非常肯定地告诉你，只要任何一方开始拉帮结派，这桩原本只是意见不一致的寻常琐事，就会骤然升级，演变成情绪性的、攸关尊严的、不是你走就是我走的生存战争。

婆媳磨合，是古今中外永恒不变的家庭课题，没有人能绝对幸免，顶多只是程度上和内容上的不同。面对这个必然，聪明的女人会懂得绕道而行不去激化它，而冲动的女人则会火上浇油，最终落得遍体鳞伤。那么，哪些行为属于完全不必要的火上浇油呢？

第一，别故意宣示主权

首当其冲的，是故意在婆婆面前表现丈夫对自己的宠溺。对婆婆来说，这是你有意示威叫板，有意让她时刻感受并看见自己的失落,并刻意让她发现自己已经在儿子的生命中出局。那么,为了夺回这些失去的尊严和所有权,她不可能不采取行动,不可能不做出一些事来证明辛苦带大的儿子还是和自己最亲,当然也不可能不从心底里讨厌娇惯任性的你。

我的这点提醒,倒不是让你们在婆婆面前故意吵架。她当然希望你们幸福和睦,但她无法忍受自己捧在手心里养大的儿子像头牛一样辛苦殷勤地"伺候"老婆,也无法忍受儿子像只哈巴狗一样,没出息地围着老婆转、对老婆言听计从,这是天底下所有母亲心里一根不容挑拨的弦,是她的底线,也是坚强母性的重要组成部分。同样身为女人,将来也可能成为别人婆婆的我们,必须理解这一点,也必须尊重这一点。(如今已身为婆婆的我,确定地告诉你,即便是"婚姻专家"的我,也有这根不能挑拨的弦)。

因此,我诚恳地建议美丽聪明的你,把所有夫妻间亲密的举动留给两人独处的时光,你知道他爱你,对你好就行了,不需要在婆婆面前显摆,不需要刻意和肆无忌惮地表现得太亲热、太肉麻,也不需要因为餐桌上他给自己的母亲剥了个虾，没帮你剥，就摆个臭脸。

第二，不要当面管教她的儿子

我要提醒你别做的第二件事，正好和上述的举动相反，但也是天底下所有母亲不允许被挑战的底线：千万不要在一个女人面前管教她的儿子！她儿子不好，她会回家关了门自己管教，你如果越俎代庖，胆敢当着她的面斥责怒骂甚至用行为言语羞辱她的儿子，即使你的理由正当，她也一定气疯了，一定跟你没完！所以，今后老公要是再有惹你生气的地方，你骂他、掐他、拧他、踹他、打他都行，但就是别在他娘面前，行吗？（如果你老公胆敢在你娘面前这么对你，我的天哪！接下来的场面我可不敢往下想！）

第三，别让他替你传话

我提醒你不要犯的第三个错误是：不要让老公替你传话。有什么你不高兴或不满意的地方，可以理性地、心平气和地一个人或和老公一起当面和婆婆沟通讨论，不要晚上嘟着嘴对老公说："欸，你去跟你妈说说……""你告诉你妈别这样行吗?""你看见你妈怎么对宝宝了吗,你怎么都不管啊?"说了这些话以后可能会有两个结果:一是他不高兴,你们俩大吵一架,二是他真的傻乎乎地去告诉他妈,结果你和婆婆之间的嫌隙更深。我知道!我知道,男人在这个时候是关键的第三者,我也会特别写几段话教教他该怎么做,但现在我只是针对你,所以我们别把话题岔开好吗?

有一次我和几位也都升级为婆婆的女朋友们一起聊天,一位婆婆用有点忧伤的语气跟我们说:"昨天晚上我儿媳带两个孙子回来吃饭,我儿子加班没有一起回来,吃完饭以后,我拗不过大孙子可爱又可怜的苦苦哀求,多给他吃了一块巧克力,结果孙子的巧克力还没吃完,我就接到我儿子的电话:妈!你不要给大宝吃这么多巧克力!今天晚上睡觉他又要兴奋得闹半天了!"

我的女朋友说这些话的时候,脸上还带着笑容,但我们都听得出她话里的失落情绪,是啊!有什么话你可以当面跟我说,我又不是不爱孙子、不讲道理的泼妇,为什么要跟我的儿子打小报告呢!

第四，不要让事态走到绝境

这是说给儿媳妇听的一句发自肺腑的老实话：如果婆媳间的意见相左上升为战争，并演变为非她即我的境地时，"两败俱伤"或"保住老娘"是绝大多数男人的决定。除非他亲娘真的是恶劣到了极点，或你的男人真的是窝囊到了极点，否则，在两个女人你死我活的战争中，儿媳妇的胜算几率微乎其微！

对所有的男人来说，"两全其美"是后院最美好的景象，谁都不希望辜负自己深爱的任何一方，但如果事态发展到把自己逼到选择的绝境时，他的第一个应对措施会是逃避，不直面问题，因为这个选择题太难作答了。他可能开始故意加班，故意接受单位出差的工作，故意在外面有这样那样的事。但如果婆媳俩谁都不允许他回避这个艰难的问题，那么这个可怜的男人就真的要身心崩溃了！

我说一个亲身"经历"的故事给你们听，由于情绪起伏太大，这个故事我还在当天自己的微博里说了一些。

前段时间我回台湾看老母亲时，途经香港转机。上了飞机之后，就听见坐在我后面的一个年轻人显然是和手机另一端的老婆在说话。只听见他不断地回应说:"我知道!我知道!你别生气,别往心里去!"好一阵子之后,显然另一端的老婆并没有消气,甚至还说了什么要挟的话,并且要他立刻下飞机回家。他耐着性子说明当天下午香港的重要会议必须参加,一定得飞去香港,但电话那一端的老婆不依不饶,非要他立刻下飞机回家处理。于是,年轻人真的拦住了正好经过的空服员,请问她现在可不可以下飞机,并且下一趟飞往香港的航班是什么时候。

空服员也许看出了他的焦虑,很热心地查询了下一趟航班,但是那趟航班下午三点多才能抵达香港,可能会错过他的重要会议。接下来的十几分钟里,这个年轻人一面接电话,一面应付航班乘务长和空服员的催促,告诉他如果要下飞机,现在就得下去,因为他还有托运的行李得从行李舱里拿出来。

我坐在他的前座听着,虽然事不关己,却也心脏扑扑地跳,手心微微出汗。最后,这个年轻人决定不能贸然下飞机误了公事。于是,他用几近哀求的声音对无比任性的妻子说:"你知道我妈没有文化,是个粗人,不会说话,你的素质高,有文化,不要跟她一般见识,你就原谅她好吗?我现在就给我爸打电话,让他教育教育我妈,也让我妈给你道歉!"(我相信说这段话时,这个儿子的心一定在淌着血、流着泪!)

这时,飞机已经撤下了滑梯,开始缓缓地移动,空服员在走道来回督促大家关掉手机。年轻人着急地给自己的爸爸打了电话,说明了情况,请爸爸劝劝妈妈,同时劝妈妈给儿媳道歉,然后,他又给岳父打了电话,说明了情况,恳请老丈人去劝劝女儿不要做出伤害自己的过激举动,关机前,他又给太太打了电话:"我给你跪下了好吗?我跟我爸说了,他也知道你委屈,我妈待会就会跟你道歉!"

飞机起飞后,我依稀听见后座传来轻微的啜泣声,我不敢回头看,只在飞机平飞后,故意趁着上洗手间时,偷偷地看了他一眼。白白净净、斯斯文文的他,穿着干净的浅蓝色衬衫,头发梳理得整整齐齐,已经不再啜泣,但年轻的脸上满是疲惫,眼神空洞地望着窗外的天空。

出于强烈的母性,我那时真想把他拥入怀中,轻声地安慰如此焦虑疲倦的他。我同时也真想拿过他的手机,打电话给那个任性的女孩,告诉她,她快要失去他了!我当然也真想打电话给年轻人的妈妈,让妈妈知道她珍爱的儿子有多么为难,多么辛苦。而且,如果这两个任性的女人都还不懂得适可而止,我眼前这个干净斯文的男孩,就要生病了!

第五,一旦这场战役开打,没有赢家,只有输家

每个男人都最怕听到的一类问题是:"我和你妈妈都掉进水里,你救谁?"对我们的先生来说,他的母亲永远都是他的母亲,是骨肉相连、无法替代的存在。如果我们不知轻重、不断地和她较量,输的很有可能是我们自己。因为,就算是他选择了我们,但在他的心中埋下了不孝顺的种子,负罪感会如影随形地跟着他、吞噬他,让他痛苦,最终还是会返回我们身上。

但如果他做了选择,却一点负罪感都没有,觉得把自己的亲生母亲弃之不顾也无所谓。那么这样的男人是很可怕的,因为他的心中没有孝道和爱,他今天可以对父母如此决绝,明天就能以同样的决绝来对妻子。

至于身为母亲的婆婆,如果我们让儿子陷入了如此艰难的绝境之中，让他因为必须顾全我，而失去了心爱的妻子，失去了孩子心爱的母亲，我们这种高压窒息和掌控的爱，破坏了他的家庭，毁掉了他原本可以幸福快乐的人生，甚至赔上了身心的健康，这最终的结果，我们能说自己是赢家吗？

婆媳相处的技巧

我们和彼此相爱的先生都会有意见不合而吵架的时候，更何况是和完全没有相处经验和感情基础的婆婆在一起。所以，意见相左在所难免，关键看我们怎么去面对和处理它。

怎么跟男人沟通对婆家的意见？

一般来说，只要不同的意见不具有本质上或较大的威胁，我的建议是：安静！

可如果真的遇到有本质上或足以伤筋动骨的歧见时，最好在结婚前就沟通清楚，免得婚前隐忍，婚后却成为定时炸弹。至于沟通的方法，只有一个重要的核心原则：对事不对人。切记，对事不对人。这样就不会使情况沦为情绪性的人身攻击，也不会引起男友情绪性的反弹，甚至厌恶。因为再怎么样，人家都是生养他的家人，他再怎么爱你，血脉关系都是挑战不得的！

另外，我总是相信并且喜欢这么说：他的母亲或父亲或其他家人是什么样的人，都这么多年了他自己一定非常清楚，也会有自己的判断。如果你不说话，不挑明事实，他看在眼里会很感激你的宽容和懂事，并一定会想方设法补偿你。你要相信如果这个男人爱你，就不会舍得看见你受伤害，也不会忍心看见你受委屈。但是当然，就如同我一再说的，如果问题出在和你的价值观有本质上的或严重的冲突，或这个你打算托付终身的男人似乎没有或没打算保护你，那我们就一定要在进入婚姻前好好地考虑这段恋情是不是需要并值得继续下去，或即使是已经结婚了，也要为自己挺身而出，做出明智的决定。

如何为自己挺身而出？

挺身而出，不是气势汹汹地吵架或得理不饶人的指责，而是记住我的话："不要被制约！"所谓的不被制约，就是不要随之起舞，落入她的"圈套"。

举个生活中容易发生的例子。晚餐桌上，三岁大的孩子吵着要喝婆婆下午买给他的、明显带着人工色素的果汁。你不允许，可婆婆却已经转身把它放在了孩子面前。这个时候，孩子一定会见势开始哭闹，坚持要喝，你先生也表现出了不耐烦的样子，你该怎么办呢？

我的建议是，立刻平静地站起来（是的，平静地站起来，不要骂孩子，也不要气呼呼的），把哭闹扭打的孩子"抱"离餐桌（不是拽着离开餐桌），带回自己的房间。回到房间以后，把门轻轻地关上（别甩门！），打开他最喜欢听的儿歌，搂着也许还在做困兽挣扎的他，不断地在他的耳边说："妈妈爱你！妈妈最爱你！"等孩子终于安静下来以后，你搂着他说故事，而且要故意说那个会让他咯咯发笑的故事，然后两个人一起倒在床上，听着儿歌，搂着彼此，哈哈大笑！

这个时候，还坐在餐桌上、原本等着看笑话的婆婆会听见房门内的欢笑声，那个当下，你对她宣示了几件事情：

第一，这是你的孩子，她无权决定教养的原则；

第二,他是你的骨肉,你们母子／母女心心相连,谁也无法插足;

第三,她休想引起争端,让你们夫妻为了这事吵架;

第四,你的情绪你做主,她既左右不了,也制约不了!

请试试看,你这么坚定不移、这么不战而屈地试过几次之后,她还会不会自找没趣地挑衅你!

我太生气了,控制不住我自己!

由于双薪家庭越来越普遍,在不少家庭中,需要长辈帮忙带孩子,婆婆非得和小夫妻俩住在同一个屋檐底下,这时很难避免会在孩子的教养问题上出现分歧。

隔代亲的老一辈,非常疼爱自己的孙子孙女,见不得他们吃一点苦、受一点委屈,这时候,我们除了需要分清楚"孝顺礼貌"和"没有原则"之间的界限之外,还要记得,不论心里有多么不赞同婆婆的做法,觉得她是在溺爱孩子,也不能在台面上公然撕破脸皮,尤其是当着孩子的面和婆婆吵架。

这样,不仅吓到了孩子,为难了先生,也伤了婆婆的面子。于是，在恼羞成怒之下，你们先前是为了什么发生分歧已不再重要，因为它已经上升到"你不尊敬长辈""没有教养"的高度上，而原来站在有理一方的你，反而就变成没有家教、使婆婆到处去诉苦的坏人了！

所以，你控制不住，也得控制。而且请不要告诉我你控制不了自己的情绪，想想看，当给你工作的老板没道理地指责你的时候，你不也为了那点破薪水，控制住自己想要骂回去的冲动了吗？

坦诚直面问题，对事不对人

作为受过教育的现代女性，我相信我们都是这样的人，我们希望别人光明磊落地和我们讨论问题，意见分歧我们不怕，就怕阴阳怪气的冷处理、背后做小动作、甚至没人品的人身攻击。婆婆是现代女性，不是变异人种，因此，也和我们一样希望别人光明磊落地和她讨论问题。

不过，讨论问题的方法和语言表达很重要，例如：

把"妈，您这样不行……"（意思是：你错了！）改成

"妈,您觉得如果我们这样……会不会好一点?"(首先是"我们",其次是商量讨论而不是直接指责)。

把"妈,老师昨天都说了……"(意思是:连老师都觉得你错了!)改成"妈,昨天老师建议我们……"(关键词是:"我们"和"建议")。

你可能会觉得这么绕着弯说话多累啊,一家人说话不需要这么做作吧!不,这不是做作或矫情,而是"说话的礼仪和技巧",是不仅对婆婆要这样,对其他人也应该这样的说话方式。如果我们换位思考,你就会觉得当别人或当婆婆跟你这么说话时,你可能不会立刻就有被激怒的感觉,不会因为被指责而恼羞成怒,也不会为了捍卫自己而"为反对而反对"。

最后,当出现意见分歧时,各自据理力争是天下之大理,也是国家赋予人民的基本权利,婆婆既不能剥夺你的权利,你当然也不能剥夺婆婆的权利。我是个曾经夺奖无数的辩论高手,我的制胜绝招除了拥有清晰敏捷的逻辑思维能力之外,就是"冷静聆听"的能力。我在前文中曾经说过,在辩论赛场上你会看见两种人，第一种人红着脸扯着嗓子，试图用高分贝的音量来压制对方，他把能量全都放在上半身，所以底盘虚空，气血两散。第二种人面露微笑不急不慌，谋定而后动，他冷静聆听对方陈述的论点并找出破绽，然后宝剑出鞘，见血封喉。

沿用我的制胜绝招，我诚恳地建议婆媳论战时，双方都要学会掌握冷静聆听的技巧，别动怒，别嚷嚷，别心急地只想着我要说什么，先听听对方的论点，然后再决定接下来该怎么做。而且说到底，婆媳论战毕竟不是两极的厮杀，我们的目的完全一致，都希望所爱的人平安健康，幸福快乐，所以争论的重点不是如何让现状更坏，而是如何让未来变得更好。

礼貌并不代表唯唯诺诺，教养也并非是毫无原则

"不卑不亢"是我坚信和婆婆相处时最好的态度。我们要有礼貌，有教养，要懂得尊敬长辈，但与此同时，我们也必须懂得尊敬自己。

我虽然不是个拥有好厨艺的主妇，可却是个很愿意也很精于收拾居家环境的好主妇。我勤于打扫,家里总是窗明几净,我善于布置,家里也处处温馨怡人。除此之外,我是个能干的、专业的、会挣钱的职业女性,我合理地分配自己的所得,在确保固定的家庭存款和儿子的各项需求之后,我毫无挂碍地给自己买东西,把自己打扮得年轻而有品位。我的婆婆看在眼里,心里明白这是我的权利,她从来没有表示过什么,而我也不打算在她面前故意隐瞒这一点。

和先生一起离开公职后,我们共同创建了一家公司,作为公司的合伙人和专业技术人员,我的看法对公司的某些与专业相关的最终决策举足轻重。在许多个周末的饭桌上,先生和我会一起讨论工作上的一些事情,我们有时意见一致,有时意见相左。当遇到我坚信自己的看法是正确的时候,我会就事论事,据理力争,不会因为有婆婆在场而故意放低姿态,或故意表现出凡事以夫为尊的温顺贤德的女子状。

不过,我除了知道自己的权利之外,也明白自己的身份和该尽的孝道。和婆婆一起吃饭时,我会很尽心地为她盛汤夹菜,当有嚼不动的食物时,我细心地为她切成小块。出门时我搀扶着她,帮她拿手上所有的东西,在家时也留意张罗水果和热茶是否足够。我总是提醒先生在母亲节和婆婆生日时买礼物，也总是主动准备大包小包的特产，让婆婆分送给邻居朋友为她挣足面子。和婆婆相处，我谨守一个重要的原则，那就是对于我该拥有的权利、自由和尊严，我毫无愧色地完全拥抱，而对于作为儿媳妇应尽的孝道和对长辈应有的尊敬，我也诚心诚意地努力去做。

当然，资质平凡如我，并没有聪慧到掌握婆媳相处时进退分际的天赋，事实上，它们来自我这么多年来从事婚姻治疗的近身观察。我见过太多被恶婆婆欺压、可怜兮兮的小媳妇儿，也见过不少被厉害媳妇气得闹出一身病来的可怜婆婆。从她们身上，我看见不管是曲意奉承或恶意欺凌，结局都是损人损己，我也发现只要天平两端的砝码重量相差太远，就永远找不到能稳定平衡的支点。这个原则适用于任何一桩人际关系，当然更是本质上就趋于敏感的婆媳关系的魔咒。

如果很不幸，你遇到的婆婆确实是个兴风作浪、控制欲强、争强好胜的人，那么：

首先必须认清"她很难改变几十年所养成的性格或作风"这个事实。

有的人性格冷酷,说话尖酸刻薄,这些负面性格也许来源于遗传基因,也许来自于特殊的成长背景。不过,不管它源自何处,根深蒂固的思维习惯和行为模式是很难轻易改变的。此外,这些具有攻击性的性格和作风,已经是她依靠多年不能丢弃的拐杖,她的安全感和自我认知都来自于这根拐杖,所以不太可能因为谁就轻易地把它们丢掉。

尽快脱离现场,减少被攻击的机会。

如果你遇到这样的婆婆,只能被迫承受她所有针对你的或不针对你的情绪攻击,而应对它和不被它伤害的方法,就是练习"不被干扰"和"视而不见"。每当她又开始说些或做些让你很不开心的事情时,你要立刻找个理由脱离现场。例如你和她一起坐在客厅看电视,只要她一出现攻击的苗头,你就站起来,带着微笑,很客气地说:"妈,我先回房去了,公司明天要交一篇很重要的报告,您也早点休息。"说完这些话之后,不要等她回话或有任何的反应,就立刻站起来果断地离开。

辨识线索，控制情绪，不要进一步激化矛盾。

"克敌于机先"的诀窍是，能辨识危险讯号和冷静应对。我相信经过一段时日的相处，你一定已经熟知她的行为模式，并且知道她的哪些言语和作为会引起你的不快。所以每当和婆婆在一起的时候，尤其是独处的时候，只要她一开始进行这些情绪攻击行为，你就立刻切断它，让它找不到着力点，并避免在彼此交锋中越来越强化它的出现频率和杀伤力。

另外，你千万不能和她大吵大闹或对她说忤逆难听的话，因为一旦这么做了，我们就从"正确的那一方"变成"错误的那一方"。好斗的婆婆会很高兴地抓住这一点，并对所有人哭诉你的不孝和顶撞，而原本支持你的人也会因而失去他们的立场。所以，千万别上当动怒，千万别落人把柄和口实，要在危险发生前离开现场，并保持镇定。

设定底线并清楚明示。

婆婆强制介入或强行掌控的某些事情可能无关大局，我们可以为了顾全大局，咬着牙硬吞下去。但有些关乎原则的领域，例如她故意破坏你给孩子立下的规矩；私自取消你们小家庭已经安排的出游计划；强行主导你们的经济收入，等等。这时，你就必须坚定地夺回主导权，让她知道你的决心。

举例来说，当她强行主导你们的经济收入时，既然先生和你的收入都不是直接进到婆婆的银行账户里，你可以事先就规划好这些收入的流向。例如，开立一个专为孩子日后教育的零存整取账户，银行卡和密码由你保管，但不管是谁，包括你自己，都不能擅自动用。再开立另一个购房或购车零存整取账户，同样，银行卡和密码也由你保管，但不管是谁也都不能擅自动用。以此类推，你们还可以有旅游专款，有十周年结婚礼物专款，等等。当然，还有一笔每个月固定的存款，就是除了带爸爸妈妈们下馆子之外，过年过节的礼物和红包。

我这么教你的原因是，绝大多数的婆婆会先从儿子下手来控制他们的经济收入。她想控制金钱流向的理由很简单，一是生怕不会过日子的年轻儿媳乱花儿子辛苦挣来的钱（有些婆婆就是有本事理直气壮地不承认儿媳可能比儿子还会挣钱的事实）。二是自己年轻时过惯了苦日子，钱对她而言，既是安全感，也是权力的象征，所以必须牢牢抓在手上，心里才踏实。所以，当她"怂恿"儿子把钱交给她或老实交代你们的全部收入时，她儿子就能两手一摊说："我媳妇的理财能力特强，领到薪水后就都把它们存在好几个专款专户里了。而且，她还专门存了个给您和爸爸买礼物和节日红包的专户呢！"

如果婆婆不死心，在儿子那儿碰壁后再回头来找你，你就很客气，但言简意赅地说："妈妈，谢谢您的关心，我知道怎么理财，而且已经处理得很好了。"你不用心虚地对她详细解释怎么处理这些收入，这是你们的所得，你有绝对的权利去处理它，不需要对旁人报告，但也不用语带厌烦地让婆婆觉得你在堤防她，只要很坚定有礼地用最简单的语言回复，然后转换个话题就行了。（如果婆婆继续追问：你都怎么处理的？你就带着微笑回答：谢谢您，妈，不用您烦心，我已经都处理好了！然后站起来，走人！）

有技巧地争取先生的理解和支持。

首先我请你想想,如果你的先生在你面前用很不恭敬的言辞和语气批评你的母亲,你会怎么样?会不会为了捍卫母亲而不论是非曲直地为她辩护?会不会气得想和他拼命?是的,如果我们在盛怒之下,口不择言地对先生控诉了他母亲的种种不是,出于同样的心理,他也会为了捍卫母亲而为她辩护,甚至也在恼羞成怒之下,口不择言地说出并非本意但却伤害你的话。

所以在和先生商量婆婆的问题之前,一定要先整理好自己的情绪。我们可以先对着闺密痛骂婆婆一番(我的建议是选择闺密而不是你娘家的人,免得事态失控,节外生枝),把愤怒委屈的情绪先释放掉一些,然后才能在比较容易控制情绪的情况下,和先生诚恳地讨论这个问题。

你可以这么说:"我相信你妈妈不是有意这么对我的,可是她今天这样让我真的很难过,我应该怎么办呢?""我明白你妈妈不是有意针对我,这是她说话的方式,可是她刚才说的话真的让我很受伤,下次再遇到这样的情况时,你能帮帮我吗?"讨论的重点要这么延展:我没有攻击你妈妈→我清楚地告诉你我当下的真实感受→我需要你的协助。所以要避免这些模糊而带有攻击情绪的语言：你妈妈怎么是这样的人啊！你妈妈为什么每次都这样对我！你就不能帮帮我吗？

也许你会反问我，为什么需要这么委曲求全，是他妈妈有错在先，为什么反倒要我们学这个学那个呢？当然，确实是他的母亲挑衅在先，你也有权利以其人之道还治其人之身，但在这么做之前，我只想请你考虑几个问题：

第一，有谁会在这场战役中被无辜波及？

第二，你对维持这桩婚姻还有多大的兴趣？

第三，它所带来的连带伤害，你愿意承受或能承担得了吗？

做决定并勇于承担

在这么多年面对曾经热恋、如今却在婚姻中徒劳挣扎的怨偶们的经验中，我不得不承认，有些时候，继续留在婚姻里并不全然是个最好的选择。如果你的婚姻已然因婆婆持续的恶意攻击而千疮百孔，而本该挺身保护你的先生却不准备或无力阻止继续恶化的势头，那么，你可以考虑是否还需要留下来消耗自己的能量和有限的青春。

如果你经过全盘考虑做了决定，不管这个决定是留下还是离开，请一定记得：你不用因为做了选择而有罪恶感，也不用因为自己的遭遇而矮化自己。你不过是很不幸运地遇到了一两个人，这一两个人给你上了一堂有关人生艰难的课，这次你读懂了它，下次就不会再犯错。如果你已经成为母亲，那就用最大的勇气和源自心灵深处的坚强母性，保护你的孩子，并让他看见一个在逆境中仍然快乐生活的典范。

男人应该如何发挥婆媳之间的桥梁作用，如何处理婆媳关系才正确？

这应该是全天下男人最害怕遇到的状况，也是让他们最受伤害和束手无策的状况——两个深爱的女人，却彼此容不下对方。不过，害怕归害怕，真正能解决这桩争端的人，凭良心说，也只有这个身处两个女人之间、左右为难的男人！以下是这个男人可以试着去做的一些事：

第一，你的正确认知。你是妻子的丈夫，是她托付终身的男人，保护她是你的责任，就像你的母亲有她的先生去保护她一样。也许，某些母亲有段不幸运的婚姻，丧偶或离异，但这并不代表"你就是她的先生"，你和妻子都有照顾独居母亲的责任和义务，但这个工作是由小家庭共同承担，而不是你作为"保护她的先生"来承担。

第二，你必须意识到很多时候当妻子对你抱怨和婆婆之间的问题时，让她伤心难过或勃然大怒的原因是"你的反应"而不是"事件本身"。如果你表现出理解她的困境，并真心试图解决这个困境，不管解决的结果如何，她都会因为你的安慰和理解而愿意为了婚姻和孩子做出忍让。但如果你视而不见，没有意愿去正视问题和试图解决它，或表现得让她认为你觉得自己的母亲没有错，就逼得她必须挺身而出捍卫自己，事情自然就变得更加激烈和不可收拾了。

第三，和妻子一起讨论出一些母亲不能越过的底线。这些底线必须合理，必须顾及为人子女应有的孝道和长辈的感受。当得出结论后，既然你也参与了讨论并同意了这些内容，就必须和妻子一起坚守这些底线，不能变卦，不能临阵脱逃，也不能让她孤军奋战（当然，她不能无理取闹，也不能情绪化地说改就改）。

第四，切记你出面解决要比她出面解决容易得多。母亲能包容原谅自己孩子的所有作为，这是母性，也是每个孩子从小就都懂得去利用的弱点。如果你也觉得母亲在某些做法上存在着可以改进的空间，那就找个妻子不在场的机会，和妈妈好好谈谈。不过谈话时的技巧很重要，你不能让妈妈感觉你娶了老婆就不要娘了，你得明确地让妈妈知道：

1. 你永远是她的儿子，这是谁都不能改变的事实；
2. 你和妻子会永远孝敬她和爱她；
3. 自从你结婚后，在各方面她都已经帮了你们很多忙，这一点你和妻子都非常感激；
4. 她现在的心情你可以理解，也知道她的出发点是好的；
5. 她的有些做法确实容易让人产生不必要的误解和情绪（不要说她做错了）；
6. 请她为了你而做一些调整（不要说改进）。

第五，接着就可以说出"你认为"可以调整的内容。孩子，我相信你不会傻到去告诉亲娘这些条款是你和老婆昨晚枕边细语时所得到的结论吧？你要说这些是你希望的，别把老婆扯进来。就算你经验老到的母亲知道这里面绝对有儿媳的意见，只要你不说破它，妈妈就不会觉得那么没面子和伤心！

第十三章

185

◆ 我的老公是妈宝

为了准备这个章节,我翻查了许多国外专家的研究和论文,也上网试着用不同的英语关键词,在各个应用心理学、婚姻治疗网站里搜索相关的论文资料。结果发现,除了一篇文章也找不到之外,甚至连和"妈宝"这个语义相关的词汇都不存在,也就是说,"妈宝男"在国外是个十分稀有的人种,但是在独生子女众多的国内,却是让很多太太头疼不已的现象。

前一阵子,占据了网上很长时间和很大篇幅的热门新闻,就是一位已经40岁、未婚的知名男演员,因为有一位"过分爱"他的妈妈,不但让他失去了两段原本可以美好的爱情,还因为妈妈高压窒息的爱,而使他苦不堪言。当这位已70岁高龄的强势母亲,在电视节目里接受采访时,她并不认为自己爱孩子的方法是错误的,是导致儿子如今仍然单身和情绪低落的原因,她反而骄傲地细数自己作为一个伟大的母亲,如何完全忘记了自己和先生的需求,"一个人抵过两个菲佣"地为儿子牺牲了自己应该享有的安适生活。

更糟糕的是,除了像对待一个小宝宝一样照顾已经40岁的儿子之外,在她的眼里,又优秀又英俊的儿子是全世界女人都趋之若鹜的黄金单身贵族,为了不让儿子娶错人,她严苛地把关,冷酷地拆散,以为儿子好之名,行霸道占有之实。

这段采访,引起了网上海量的讨论,绝大多数的人都站在反对的角度,批评这位自认为"伟大"的母亲,但也因为这条新闻的出现,引发了很多有相同经历的网友宣泄自己的情绪。所以,备受母亲宠爱的妈宝男,确实不是个例,而是一个需要被关注的、堪称"普遍"的现象,因此,如何应对丈夫的"幼儿情结",也是关系到夫妻相处的重要问题。

妈宝男的由来

下面这段文字,是我从网上复制粘贴来的:

妈宝男是指什么都听妈妈的、什么都认为妈妈是对的、什么都以妈妈为中心的男人,亦指那些被妈妈宠坏了的孩子。但也有一种含义,就是妈妈的宝贝儿子,从妈妈的角度分析,表达儿子永远是妈妈心里的宝贝。

当然,你不能就这么以为妈宝男是个乖宝宝,是个孝顺男人。我听过有劈腿男以妈宝形象作为挡箭牌,每次都说"对不起,我妈要我陪她"。他所有劈腿对象的来电显示都是"妈妈",你以为他们母子俩感情真是好,其实你也只不过是他的另一个"妈妈"。所以各位姐妹,千万别误把"妈宝"当孝顺。

妈宝男,给人印象一般是缺乏主见,没有自信。

妈宝男一般出现在两种家庭,一是条件较好的家庭:穷人的孩子早当家,妈宝男因为较为优越的家庭条件,被父母呵护,所以不谙世事,事业心差,但是一般都有良好的职业,虽然我们总是不愿意走父母安排好的路,不过不可否认,走父母安排好的路,会顺风顺水。通常妈宝男会听从父母的安排,获得一份不错的工作。二是母亲掌权,家里大事、小事、琐事都是母亲操劳而父亲做"甩手掌柜"的家庭,在这类家庭中成长的男人,心里极度依赖母亲,思想和行为受母亲影响过大,对母亲产生过度的依赖心理。

看完这段文字后,我相信很多还没结婚的女人都会迫不及待地想知道,怎么在结婚前就能辨识我爱的这个男人是不是妈宝男，免得糊里糊涂嫁了以后才发现自己陷入了一个困难的情境之中。我上网查了一下这个问题，发现已经有许多好心人士给出了筛选妈宝男的识别特征，所以在这里就不再赘述。(其实女人先天就有筛选妈宝男的直觉，只是有时被爱情冲昏了头，忽略了它，或误以为只要结了婚，他就会为我切断与母亲连着的"脐带")。

我们现在来看看，如果我确实嫁给了一个还没与母亲切断脐带的先生，我应该怎么办呢?

1. 不要硬碰硬

如同网上说的，一般妈宝男的背后，都会有一个高压而强势的母亲，在面对强势的婆婆时，硬碰硬，绝对会带来两败俱伤的结果，而且通常会是：她受了轻伤，我受了重伤，妈宝则在一旁闭着眼睛，不敢看！所以最好的方法是，绕道而行，忽略它的存在，而不是明知山有虎，偏向虎山行！

2. 不要试图取代他的妈妈，成为他的母亲

妈宝，不管是出于自愿，或是被高压植入，它都是一种

从小到大、行之有年的心理习惯。在这个心理习惯的模式中，只有妈妈和他自己两个人，妈妈的形象清晰、气息明确、能量频率也独特，不是谁都能够取代的。如果我们试图去取代或夺取她的位子，不但会遭到婆婆的誓死对抗，也同样会遭到儿子的不肯就范。所以，千万不要试着去冲破那个我们走不进去的舒适圈。

3. 用建立一个"老公——老婆"的新的健康亲密关系，来转移他的注意力

既然不能硬碰硬，也不能夺权取代，我们就采取迂回的战术，以爱我们的丈夫为突破口，在夜深人静、只有我们两人缱绻细语时，既亲昵又绘声绘色地描绘未来的美好愿象。在这幅未来的景象里，没有他的妈妈（重要的话说三遍！），只有我们俩，和我们俩心爱的孩子。当他在"看见"和"感受"到这个景象的幸福美好时，就会"慢慢地"把从"妈妈——儿子"这个舒适圈里的情感依赖，转移到对新舒适圈的憧憬上来。

4. 帮助他拥有因"担当"而带来的成就愉悦

在家庭的一些决策上,我们也需要有意识地让他去多做承担。承担的责任可以从较小的事情开始,然后慢慢地增加它的重量。例如,一开始是去哪里度假这一类不会伤筋动骨、不会吓着他的小选择,接下来是买什么车这一类"中度危险"的承担,最后则是做什么投资这一类需要严肃思考的重要决策。

让他在这个过程中,清醒地意识到压在自己肩膀上的担子重了,而且已经不是他的妈妈能代替他去承受,或是一起分担的时候了。另外,要让他意识到,需要和他一起分担责任的,不是他的母亲,而是共组家庭的妻子。

5. 做得好,就要大声地奖励

当丈夫做出了明智的决策、带来了好的结果以后(哪怕只是一丁点的成就),都要记得巴甫洛夫的狗的心理实验,"做对了就给糖吃",及时给他尝些甜头(例如在和朋友们聚会时,高调地赞扬他的成就;在朋友圈里骄傲地晒老公;在床上性感主动一些),建立激励机制,鼓动他在下一次的决策中，开心和勇敢地继续挑大梁。

6. 不忘初心

可以想见，这个训练的过程是漫长和艰难的，与此同时，还会遇到许多来自"愤怒的母亲"的阻力。因此，我们也需要时不时地被激励，获得继续走下去的能量和勇气。所幸，这个能量不但一直储存在安全的地方，还可以持续不断地被更新和充电，只需要我们用心去支取它就行了。

那么，这个能量罐在哪里呢？呵呵！它就是我们之间的爱情，我们只要不忘初心，常常回忆初见时的甜蜜，和重新"看见"我们爱上他的种种原因就行了！

第十四章

193

◆ 我还能相信他吗？

1987年，年轻英俊的迈克尔·道格拉斯和格伦·克洛斯主演了一部剧情片《致命的吸引力》(Fatal Attraction)，影片描述家庭幸福的已婚男子，在一个妻女回娘家、自己必须留在城里开会的周末，在酒吧里邂逅了一位知性漂亮的杂志女编辑，两个人一起度过了一个干柴烈火的情欲周末。周一上班后，男人认为这不过就是一场过眼云烟的风花雪月，可是较真的女编辑却认为这是互许终身的天长地久，于是她缠住了一心只想回家的男人，做出了各种可能出人命的疯狂举措。最后还是男人向妻子坦白了自己荒唐放纵的真相，夫妻两人齐心合力，才抗拒了这几乎要把幸福家庭给拆散了的致命婚外情！

30多年前这部得到了奥斯卡金像奖提名的电影，轰动一时，不仅票房高达3.2亿美元，放映后的几年之内，还一直有各种婚姻专家、社会心理学家拿它当作研究讨论的素材。我记得当时看了一篇美国杂志里的报道，说这部电影放映之后，好长一段时间内，美国酒吧里深夜还流连忘返不想回家的男客人锐减了很多，因为大家都被这部电影吓得够呛，都不想被"只想玩玩"的一夜情给缠上！（看来这类题材的电影应该每隔几年就出品一次！）

除了独立制片的新锐导演之外，好莱坞大制片厂出品的电影，向来有传递美国社会主流价值观的导向，尤其是在30多年前的背景之下。所以这部让人看得没法呼吸的惊悚剧情片，编剧们最后还是以妻子原谅并接纳了丈夫的偶然偷腥、夫妻俩齐心协力抵抗外侵的圆满大结局收场。

时空挪移到今天，可能是网络上、朋友圈里的故事太吓人，现代人的婚姻似乎已经到了杯弓蛇影的地步，那些"如何识破老公/老婆是否有外遇"的攻略，让男人女人看得胆战心惊，仿佛每一个攻略里的蛛丝马迹都在自己的配偶身上若有若无地出现！这种无谓的"自己吓自己"当然让自己的情绪低落，但对夫妻之间最重要的基础——坦然和信任，也带来了巨大的伤害。

所以当我们谈及如何避免配偶出轨和能不能再相信他时，就得先认识一些所谓的出轨的真相。

想象与真实的出轨

有深谙人性的专家说，性幻想，是我们生命中一个屡屡出现的稳定杂音。它的音量或大或小，或急或缓，无论是在会议室还是在商店里、在地铁或飞机上，它都可能突然发出声音。大部分时候，尤其是在幸福婚姻中，这样的幻想会有所节制，而且它们多半会转换成夫妻间性生活的兴奋剂。

有些人认为和出轨有关的幻想，是婚姻破裂的征兆。这当然有一定的可能性，但专家们却找不到证据来显示它的必然性和量化它的或然率。事实上，性幻想是成年人正常生活的一部分，渴望爱恋和亲密的抚触也是人之常情。例如，女人们会幻想被布拉德·皮特、贝克汉姆拥抱着的甜蜜滋味，男人们则想象着与苏菲·玛索、安吉丽娜·朱莉上床的大汗淋漓。

女人们的幻想，是与《廊桥遗梦》中某个不期而遇的陌生男子浪漫地享受几天炙热的爱情，然后他挥挥衣袖，不带走一片云彩，我们也重整激荡的心情，安分地回到家庭。我们幻想超越日常生活的平淡琐碎和各种身份限制，向往一种狂野的、心灵的、炙热而危险的关系，但又不会危害家庭。男人们则从青春期开始，就幻想与性感美女做爱，对方能满足他所有的要求，而强壮的他，也能充分满足她的要求，但他也不想危害家庭。

我想要强调的是,就如同我在"男人女人都花心"的那一章里所说的,不仅仅只是男人有性幻想或精神上的出轨,女人也是一样。我们只要想想去参加十年之后的大学同学会时,如果当年热恋的男友也在场,我会如何刻意地装扮自己,以及会带着什么样的心情赴约?

事实上,即使是非常美满的婚姻,也难免会有令人略感不足的缺憾,只是婚姻幸福的夫妻,会安于他们最重视的需求已经得到了满足,至于没有得到的东西,就把它放在脑子里的某一个角落,成为幻想的一部分,待自己一个人独自凭吊。例如:我嫁了个细心体贴的好老公,但发现自己有时渴望享受一下狂野热情的性关系。我娶了一个才华横溢、对家庭无怨无悔的好老婆,但我又渴望她是个温柔善解人意的小女人,能爱抚我、崇拜我。

不过,性幻想与真实行为之间的分际,有可能十分脆弱和细微。尤有甚者,某些强度的性幻想在长期无法得到满足之后,会变成与实际出轨一样的危险行为。所以,如果在日常婚姻生活中感受到了某些匮乏,它又常常萦绕心头有逐渐增强的趋势，就要试着开诚布公地表达出来，防微杜渐，做些努力去改善，以免发生真实出轨所带来的伤害。

出轨的界限？

大部分的夫妻都承认，一夜之欢，要付出的代价虽然很高，但可能还不至于破坏了婚姻。一位接受过我辅导的妻子说："我不会为一次这样的事件就抛下婚姻，但如果他对所做的事不再在乎，那就严重了！"

另外，不论男女，面对配偶的出轨，虽然觉得不可原谅，但都会试着去理解和接受。但如果婚姻的核心——精神性的爱——受到了威胁，"如果我丈夫回来对我说，他真的爱那个女人，那我就绝对不能再忍受……""如果我太太有了情人，说她爱他胜过于爱我，那我就头也不回地离开……"这桩婚姻的修复就很难有圆满的结果了。

每一桩婚姻都有它自己的一把量尺和丈量的标准，对爱情的感受更是存乎一心，旁人既无法为我们做决定，也不需要在一旁说三道四。我们愿不愿意原谅伴侣的出轨，或是否划定一条出轨的界限，都是自由的选择，结果也只能由自己来概括承受。唯一我想说的是,我们做每一个决定之前,都得确定知道自己在做什么,以及它是否来自内心真实的意愿。所以,不管你如何处置伴侣已然对婚姻造成伤害的出轨事实,都要记得冲动行事可能带来的后果。

以下几点是我们不冲动行事,在考虑还能不能接纳或更关乎心灵的、能不能再相信他时,要问问自己的几个问题:

1. **我仍然爱他/她吗?**

这是能不能原谅和接纳的核心。如果我还是喜欢和他在一起,享受我们彼此的陪伴,那么,我就要安静下来思考,我对他的爱,足不足以提供宽恕的能量,能不能抚平我的伤口。

2. **没有了他/她,我能过得更好吗?**

回答这个问题时,请不要牵涉到孩子或其他的家庭成员,如自己的爸爸妈妈,我们如果只是为了孩子而接纳他回来,那日后的不信任和争吵会更加伤害孩子的心,使他天天在压力恐惧中生活。

3. 他/她回来之后，我需要克服的心理和情绪有哪些？我做得到吗？

这个问题可以两个人一起讨论，因为弥合裂痕不是单方面的事，需要夫妻共同努力，所以有哪些需要对方帮助的事，要在这个时候清清楚楚地表达出来，不要在以后的岁月中，再一点、一点地索要回来。

和女人们说说体己话

由于我的读者大多数是女人，而不可讳言，古往今来出轨男人的比例比女人多一些（出于不管是生理冲动的原因、社会价值观和舆论的默许或没有家里幼儿缠着把屎把尿的方便行事），所以我在这里要偏心地和女人们说说体己话。

当我们发现先生出轨时，首先感到的情绪不是愤怒，而是非常害怕，这就是为什么很多女人发现丈夫有外遇时的第一个反应是拒绝相信、拒绝面对。有一位太太告诉我，当她走进咖啡厅，碰巧看见先生和另一个女人在角落座位上亲吻时，她启动的第一个自我防卫机制是立刻退出门外，自己躲在廊檐的角落里簌簌发抖。为什么要发抖呢？犯错的又不是我,是他,我为什么要害怕地发抖呢?

原因就是不管男人或女人,一旦成家后,就会把家庭当成自己的安全舒适圈,我们习惯于这个舒适圈所带来的安全感,在这个舒适圈里,我们感到安定和从容,所以一旦这个舒适圈被冲破了,我们就会无所适从,觉得那个一直依靠的情绪拐杖被硬生生地夺走了。对于女人来说,我们害怕家庭分裂,害怕孩子受到伤害,害怕旁人的流言蜚语,所以第一个启动的情绪往往就是无以名状的害怕。

当害怕的情绪过后,随之而来的才是翻江倒海的愤怒。这无边无际、野火燎原的狂怒是插在我们心上的一把刀,先是狠狠地插下,接着是一点一点的凌迟,让有些性格暴烈极端的人,甚至采取了玉石俱焚的手段来报复对方。

我想说的是,当背叛发生以后,不仅仅是我们受到了伤害,感到巨大的煎熬,犯错的先生也一样因为舒适圈的溃散和对家人的羞愧而受到身心的煎熬。这种情况尤其在已经有了孩子的家庭里更为多见。所以,我们如何做好为自己、为孩子、为家庭止损,如何管控已经造成的伤害,如何决定下一步该怎么走,都需要在狂暴的情绪暂歇、擦干眼泪后勇敢处理。

如何处理丈夫的出轨?

我用"处理"这个词,而不是"面对"这个词,是想表达一个观念:我们得站在上风处去处理问题,而不是屈于下风处,去面对问题。

1. 控制情绪,不要变成歇斯底里的泼妇

发现丈夫出轨的事实之后,第一时间,一定要大发雷霆,试图扩大事端。你的暴怒,是让他明白事态严重、清楚知道你绝对无法接受这件事情的态度,以及因此所受到的伤害,同时也作为对他的惩罚。

可是,不要让暴怒的情绪持续发作太久,或整天没完没了地哭闹。中国有句成语叫作恼羞成怒。原本是他做错事情,但是因为我们的歇斯底里,最后却落得泼妇骂街的口实,反而让他理直气壮地拂袖而去。

而且,面对丈夫的背叛,委屈得不得了的妻子最需要的是丈夫明确的悔意和歉意。可当我们歇斯底里地哭闹不休

时，本身也烦躁不堪的丈夫在屡屡道歉赔罪无效的情绪下，难免脱口说出更伤害人的话，或做出更伤害人的行为。因此，在保护自己的前提下，适时地收敛情绪，是很重要的。

我们要做的事，是继续发怒，但不是耗尽元气地大吵大闹（尤其是孩子在家的时候），而是安静下来的冷若冰霜。我们要清楚地让他知道自己还在生气，让他感觉到我正在思考，可却不知道思考和计划的内容是什么。如果他还在乎这个家，还在乎你，你不寻常的安静会让他很害怕，因为无法预知下一步会发生什么事，所以他会更加小心、亦步亦趋地跟着你，向你道歉。

请记得，这个时候御夫术的关键之处，是让他不寒而栗、自动缴械，而不是比谁的声音比较高，谁的力气比较大，让他心生厌恶地硬碰硬。

2. 尊重自己，不要失去理智到处告状

在还没有做出处置的决定之前，先不要回娘家告状，更万万不可像泼妇一样到他的单位大吵大闹，或找他的哥们儿哭诉（你千万不要以为自己怎么可能做出这样的傻事？事实

上，当我们感觉自己被羞辱、被气到一定程度时，是会做出让自己都不可思议的行为的）。我们要冷静地想想，需不需要给自己留下一条退路？是的，给自己留下一条退路，不是给他留下一条退路。

如果我们决定接受他的道歉，让他回家，那么先前的告状，就会成为婚姻日后的地雷。因为除了得向娘家人频频解释，抚平他们的担心之外，还有可能要弥补娘家人也在冲动之下所说的伤人的话或做出的伤人的举动，除此之外，还得化解自己面对他人时的尴尬情绪。再说，他的婚外情人也许哥们儿都见过，你绝不可自辱身价，让别人指手画脚地拿来做比较或成为茶余饭后的娱乐谈资。

如果我们决定不接受他的道歉，选择离开，那么这番告状的闹剧就更显得可笑。你一定要记得，只有自己会为此伤心难过，旁人的同情最多只是应景的客套，闹腾之后，别人也就淡忘了，只留下我们自己为当时的失态悔恨不已。不过，娘家人是我们永远的支持，如果婚姻已势不可为，倒在爸妈兄妹的怀里大哭一场，确是一副很好的安慰剂。

请记得，面对这场战役，我们的优雅教养和高高在上，是让第三者相形见绌的明镜，也是让老公和朋友，分辨孰高孰下的武器。我们也许最终仍然失去了婚姻，但却赢得了尊敬。最重要的是，赢得了对自己的尊敬。

3. 别太悲情，不要让自己成为奄奄一息的苦命怨妇

一哭二闹三上吊，是女人与生俱来的本事，也是我们得以发泄情绪的苦肉计。可是如果我们过度地使用它，让它反客为主地控制了我们的身心，那么苦肉计还没有得逞，我们就已经变成披头散发、到处诉苦、人见人厌的祥林嫂了。

面对婚变，尤其是面对丈夫的背叛，对任何一个女人来说，都是自尊与骄傲的重大摧毁。我们很可能因为这个打击而瓦解了一直得以安身立命的价值观。我们不仅对丈夫心生怨恨，对破坏婚姻的第三者心生怨恨，潜意识里，也对自己心生怨恨。我们因此会变得尖酸刻薄，用恶意的语言和行为来惩罚自己，在看似伤害先生的行为中，其实不断地在伤害自己。

在这种心理状态下所导致的最典型行为，是深度的抑郁情绪表现，哀莫大于心死一般的冷漠；气若游丝般的虚弱憔

悴；把自己关在家里对任何事都不再感兴趣；披头散发不修边幅的邋遢等等。上述这些情绪反应和身心表现，初始是用来惩罚做错事的先生，企图让他心疼。可是当日子继续往前推移，在张力疲劳的效应下，他会对我们的"悲苦"越来越麻木，甚至产生疲倦厌烦的感觉。这时，遭到二度伤害的我们，在悲苦情绪已成惯性的情况下，就真成了人见人怕的怨妇了。

请记得，做错事的人是他，不是我。所以不需要用绕不出来的情绪惩罚自己，让自己因此而一蹶不振。

4. 不要报复，别做出让自己将来后悔的事

许多时候，锥心刺骨的疼痛像迷药一样，使我们失去理智，而被践踏摧毁的骄傲，则像毒蛇一般，啃噬了我们的心脏。遭遇背叛的人，尤其是女人，很容易在狂乱的情绪中，立刻飞身投入另一段感情，以此为报复的武器或赢回颜面的工具。

确实，疗愈情伤最快速便捷的方法，就是用另一段新的感情来覆盖它。但问题是，在愤怒混乱的心理情况下，我们

可能会因为看不见内心真实的感受,而投入一段并不适合的关系之中。我们也有可能因为对感情的需求过于急切,而吓退了原本大有可为的候选人。我们或许还有可能因为内心的仇恨太烈,而做出飞蛾扑火的危险决定。总之,在我们被撕裂的伤口还没有稍稍复原之前,不论适合或不适合的感情关系,都有可能受到不纯正心理动机的损害,而给自己招致另一个使伤口扩大的机会。

此外,一个人在报复心切、头脑不清醒时是最脆弱和容易受骗的。许多赔了夫人又折兵的爱情故事,往往就发生在这样的背景之中。所以,不管是不是负气或报复,请在决定开始一段新的感情之前,一定要再三思量。

5. 不要担心,时间会慢慢抚平伤口

如果你和我一样从事婚姻治疗工作,就会在许多案例中,发现女人是极具韧性、并且能坚强地遗忘伤痛的斗士。

一开始,这个伤口犹渗着血,触目惊心,稍一触碰就剧痛难当。慢慢地,它开始覆上黄褐色的结痂,不能掀开,一掀开又渗出血,略略触碰仍然刺痛。后来,伤口上的结痂渐

渐脱落，长出薄薄新鲜的外皮，偶尔有隐隐的疼痛和刺痒，提醒曾经的伤害。最后，不知不觉中，伤口已完全复原，只剩下淡淡的疤痕，等着时间让它完全消失。

所以，不要怕，不要担心自己一辈子都走不出来，对自己宽松一点，让时间去抚平伤痛。

外遇后遗症

那么，面对迷途知返的他，面对亟待修补的婚姻，我该怎么办呢？

首先，如果我们已经做了重新接受他的决定，那么，请记得，这是我的决定，所以不要把修补的责任完全推到他的头上。

厘清这一点是非常重要的。因为如果我总认为自己是受害者，是被欺负的人，在心态上，我就会站在等待的高度，不断地需索和责怪，要求他一个人往我的方向走，而我自己却不愿意往前挪动一步。没错，这件事确实是他负我，可决定给他机会的是我自己，如果我们不试着也往他的方向迈步，不试着在平等的水平线上沟通，那这桩婚姻在过度倾斜的情况下，就难免陷入另一场危机之中。

其次，不要把这次的错误，变成古代既是肉体折磨又是精神摧残的酷刑——黥刑。先以刀划破面部，然后在伤口处涂上墨炭，使他脸上留下洗不去的印记，永远不得翻身。

女人向来喜欢翻旧账，只要一不开心，就立刻新仇旧恨涌上心头，伶牙俐齿的几句话就噎得男人喘不过气来，让曾经犯错的他，永远活在为过去羞愧的阴影中。才刚从像出轨这样几乎不可饶恕的迷途中返回的男人，在妻子新伤犹痛的情况下，一定会对老婆尖酸刻薄的语言忍气吞声，因为毕竟是他犯的错误，伤害也因他而起。

可是，随着日子往前推移，过了好一段时日之后，如果老婆还是隔三岔五地翻旧账、闹脾气，那么，此时犯错的男人就会兴起逆反心理，可能延伸出以下几种心理情况：

* 在她面前我是永远也翻不了身了，那我干吗还这么老实的听她摆布！
* 唉！这辈子我算是完了！就这么郁闷着过日子吧！
* 真烦！看见她我就心烦，能晚点回家就晚点回家！

* 你不要再逼我，再逼我就别怪我动粗！

出轨后，他评估情势选择回来，你评估情势也选择让他回来，那么就不要做出再把他往家门外推的行为。要不然，还不如当初东窗事发时就一刀两断，何苦如此拖泥带水地折磨彼此，强化了伤害？

其三，不要杯弓蛇影。疑神疑鬼不仅会破坏好不容易才恢复的和谐关系，也让长期处于侦察状态的自己，身心俱疲。

发现丈夫对自己的不忠实之后，有好一段时间，我们一定会很难再像从前那样毫无保留地相信他。只要一听到手机铃声响，或看见他在房间的角落专心写短信，心脏就立刻纠结在一起，全身的血液往脑门冲，脑子里想象着电话的另一端是第三者，心里既气愤又酸楚，难过得不得了。

曾经被"误信"伤害过的我们，难免生活在草木皆兵的状态之中。但我们一定得设法说服自己，杯弓蛇影是一把刀锋锋利的双刃剑，我们一旦养成翻看他手机聊天信息、查阅他通话记录、侵入他电脑邮箱的习惯，这欲罢不能的提心吊胆，就会让一直处于备战状态的肾上腺素分泌量居高不下，让我们总是悬浮在空气中，心不踏实、飘飘忽忽地过日子。我们的生理器官功能会因此而受到影响，心理情绪也自然会受到更大的影响。我们绝对会因此而忽略了需要关注的孩子、需要专心投入的工作、需要努力修补的感情以及需要细致呵护的自己。

婚姻关系中，受害者综合征所带来的"杯弓蛇影情结"，是很难控制、也很难消除的心理障碍之一。它的威力极其巨大，姑且不论它对已然摇摇欲坠的婚姻所造成的伤害，对一直处在被害者妄想中的自己的伤害，更是无法估量。

所以，为了我们自己，为了决定继续下去的婚姻，每当你冲动地想侦察他的手机、电脑、皮夹时，请先深呼吸几下，找个能转移自己注意力的事情去做，强迫自己把即将伸出去的心和手拉回来。如此反复多次，我们就能慢慢地控制住侦察的冲动和频率，把自己从"杯弓蛇影情结"的坏习惯中拯救出来。

最后，面对伤害，我们当然不用刻意压抑情绪，一定要找到发泄情绪的合适方法，千万不要把它压在心里发酵成更大的爆发。

我通常会给困在如此情境中的女性朋友们这样的建议:

* 清楚地和先生打好招呼,告诉他,我需要时间来消化情绪和抚平伤口。请他在这段时间尽量理解、容忍并配合我的需求,让自己尽可能地得到情绪的释放和对此事件的释然。告诉他,如果他不能让我最大限度地化解掉心里的疙瘩,那么,留在心里的疙瘩就会逐渐长大、发酵、化脓,最后变成不可收拾的脓疮。

* 找到除了他诚恳的忏悔和道歉之外能帮助我尽快释放内心愤怒的方法。去学一堂需要和着音乐用力扭动肢体的拉丁热舞,一面用力地扭动、一面高声地唱。和几个好友到山上暴走几天,对着一望无际的山谷大声呼喊。参加极耗体力的体育项目,一面运动、一面呼喝。总之,用外在的力量帮助自己把淤塞在体内的怨气发泄出来。请注意,发泄愤怒时一定要伴随着声音,别自己在家憋着气捶枕头,那样会越憋越气。

* 根据实际情况,给自己设定一个"泄洪时间表"。我们既不能把愤怒和痛苦的洪水压在心里,也不能没完没了地

让它潺潺细流。我要求你订出时间表,并不是为了早日将他放生,而是尽快为我们自己放生,给自己一条活路。如果你不能为情绪的洪水打开闸门将它倾泻,只是让它从闸门的缝里慢慢地流出,那么这即将溃堤的洪水就成了自己身体里的隐患,要不总有一天一倾而下将我们灭顶,要不就搅得我们栖栖遑遑永无宁日。

*试着去重新感受周遭的快乐和欢笑。假笑、勉强笑、跟着笑,哪怕自己还没有笑的感觉。他确实曾经出轨,可这并不表示生活就失去了颜色。你仍然有权利欢笑,仍然有权利享受生活。如果暂时不想或不能和先生一起欢笑,那就找到可以陪我们一起感受欢乐的朋友或亲人,重新把捕捉快乐的雷达打开,再次学会快乐和享受生活的能力。

*当伤痛渐渐减缓,心口的伤痕也渐渐淡去,请重新检视你们的关系,寻回那最初爱恋时的感动。不要着急,不要求好心切,如果曾经的两情缱绻有10分,那么我们哪怕就从5分开始寻回,也是个美好的重启。执子之手、与子偕老的日子有一生那么长,只要愿意,我们还有大把的日子可以重新来过!

第十五章

214

◆ 优雅地转身离开

感情的不可控，在于它牵涉到了当事双方两个独立的个人，我们既控制不了自己的感情，更主宰不了对方的感情。爱情之所以对一个人的冲击力道如此之大，一来因为它能量巨大，足以在体内兴风作浪，二来它能量精微，当事双方都有一个精确灵敏的雷达，能察觉幽微之处那细微的风吹草动。

所以，当不愿久留的心已经出发，迈出的脚步也不愿再收回的时候，我们，尤其是女人，就必须懂得如何在伤害的事实已然发生之后，为自己保留继续往前走的能力，并以优雅的身姿转身离开。

走出舒适圈

上一章，我提到了一个在大众心理学上适用范围很广的名词舒适圈（Comfort Zone），它是指在参与某一事件、某种活动或某个情况的特定范围里，能使得你舒适而且感觉自在。用比较浅显易懂的例子来说，就是冬天早上暖暖的被窝；待在家里上网看剧玩游戏；住了几十年的小区；结了几十年的婚姻，等等。你待在这个舒适圈里不一定觉得快乐或幸福，但它至少让你感到舒服和安全，因为在这个熟悉并可以自由掌控的地带里，你不用面对挑战，不需要冒险，也不会损失什么，所以你宁愿待着无聊，也不愿冒险踏出一步去改变什么。

对新时代的女性来说，离婚已不再像我们祖母那个年代一样，会背上什么邻里间的风言风语或给人生留下污点。离婚率的节节攀升，表明了社会价值观已有所改变，如今，更尊重一个人的自身福祉和为自己做最好的选择的自由。所以，面对离开的决定，我们需要迈出的舒适圈，倒不是担心别人的笑话或担心别人会怎么说我，我们所踏出的舒适圈，更是我们对"婚姻"这两个字来自于内心深处的认识。

对一个女孩儿来说，不管现今社会已经开放到什么程度，也不管我们的工作成就或学业成就已经达到什么样的高度。我们从小就接受了、并给自己植入了一个观念：婚姻让我们的人生圆满，是女人一生最浪漫美好的归宿。女人需要婚姻，并不是期望这个婚姻能够提供给她经济上或财务上的保护，女人深植在心中的需要，是一种心理上的意向——觉得自己是完整的，就像是部落的图腾，是烙印在对自我的评价体系中的。

所以，当我们要踏出这个舒适圈的时候，可能面对更多的是自己内心的挣扎。这个挣扎是理性和感性分析后的自己和烙印了图腾的自己之间的挣扎。所以它变得更艰难，让人更惶恐害怕、更在一时之间无所适从。这是很多夫妻在愤怒之下或者是在无奈之下决定要离婚，但是真正等到要签字的那一天又退缩了的原因。

婚姻的图腾，是一条心理的界线。组成这条界线的内容，既有约定俗成的社会价值观，也有自己从小到大对未来生活所绘制的梦想蓝图。越过这条心理的界线，意味着把已经盖好的房子的蓝图撕毁，毁掉大部分的地基，再重新设计、重新建造。这个"没有破坏，就没有建设"的豪言，听起来简单，做起来艰难，因为我们不知道把承重墙拆掉了之后，这个房子会变成什么样子，还能不能找到更合适的建材去重新搭建它？

除了撕毁蓝图所带来的忐忑艰难，我们也认为，岁月对女人是不公平的。男人再婚，似乎可以选择的范围比较宽松，比较轻易。女人再婚，面前敞开的选择之门则会随着年龄增长而逐渐缩小。因此，"接下来怎么办？"的恐惧和裹足不前，也是要跨出舒适圈时的心理界线。

所以很多时候，骄傲的我们想头也不回地离开，但害怕的我们又不敢，也不知道该怎么离开。请原谅我冒昧地说，这个时候，在将要灭顶的大海中载浮载沉的女人，会牢牢抓住救命的浮木——孩子，作为代偿，来要挟和惩罚男人，而难看的离婚场面也正是因此而起。

因此，如果今天我的婚姻已经走到不可控、无法回旋、不得不离、必须要走出这一步的时候，我们要理解自己首先需要冲破的，是这一条慑人的心理界线。我们要勇敢地直面这条界线，审视它的样貌，用我在前面的章节中教给你们的"白纸黑字"的方法，在第一张白纸的正反面分别写上："离婚的好处""不离婚的好处"。然后在第二张白纸的正反面，分别写上："留下之后，我该做的事""离开之后，我能做的事"。

这两张纸都不需要急着完成（尤其是第二张），什么时候想到了什么，就往上添加，对于第二张的内容，我们除了可以读读专家们的建议之外，还可以刻意地在杂志、网上搜索别人的成功故事，看看别人是怎么做到的，一方面学习，另一方面也给自己打打气，觉得自己不是一个人在孤军奋斗。

我不用再赘述白纸黑字这个方法对面临两难选择时的好

处，但请相信我，你会在一条一条书写的过程中逐渐理清脑子里、心里紊乱如麻的思路，同时变得越来越勇敢。

优雅地转身离开

决定离开，意味着已经失去了很多，放弃了很多，如果离开的背影难看，那就真的一无所有了！

一、要波及孩子

很多女人说，我之所以坚持不离婚，是因为孩子，我担心孩子成长的过程中没有爸爸/妈妈很可怜，在单亲家庭长大的孩子都会有心理问题，所以，再苦，我也要为孩子保留一个完整的家。

如果我们心疼孩子在破碎的家庭里长大，想要维持家的完整，很好，我鼓励你这么去做。但是，我们必须明白要为这个承诺负责任。那就是这个家，不仅仅是完整的，也是安全和和谐的。因为"保留一个完整的家"跟"保留一个和谐的家"是完全不同的两件事。保留一个家，听起来简单得多，但维持一个和谐的家，就需要我们付出极大的努力和克制。

家，是孩子出生后就生活其中的舒适圈，在这个舒适圈里，他觉得安全、觉得被爱、觉得被呵护、被养育。让他离开这个舒适圈固然是一种伤害和安全感的剥夺，但如果我们让他留在这个并不舒适的舒适圈里，每天听见摔门的声音、喊叫哭泣的声音、彼此咒骂的声音，那么这个舒适圈就不叫舒适圈，而是牢笼了。

我们都心知肚明，选择离婚或不离婚，和孩子无关，只是两个大人之间的事。我们如果真的考虑到孩子的成长环境，就应该在不负责任和任性地做出破坏它的举动之前，为了孩子而克制自己。如果，任性的破坏已成为事实，我们再拿孩子来说事，那就真的是不够厚道了！

所有的亲子教育专家都告诉我们，从伤害孩子的角度来说，一段"不断争吵"的婚姻，要远比一段"成熟"的离婚对孩子的伤害大得多，因为它对孩子的身心戕害是日日夜夜的凌迟，尤其是在孩子3~6岁这个容易产生罪恶感的阶段，他会把爸爸妈妈的争吵往自己身上揽，认为是因为自己不乖，不被爸妈喜爱，所以才导致爸爸妈妈的吵架。

除了不要拿孩子来说事之外，也请千万不要用潜意识里的"伤害他／她的孩子"来惩罚对方。我听过许多次遭遇配偶背叛的爸爸或妈妈（还有奶奶、姥姥）这么残忍地对孩子说："宝宝，爸爸／妈妈不要你了！爸爸／妈妈喜欢外面狐狸精生的小孩！""你爸爸／妈妈是个不负责任的坏人！"这种诱导，让自卑和怨恨的种子迅速在孩子的心中生根发芽，孩子尚且年幼、还需要仰赖养育者的照顾时，被抛弃而衍生出的情绪主要是恐惧和自责。而当孩子已经懂事了，所衍生出的情绪就变成：父母本来应该是保护我的那个人，现在他却是伤害我的那个人！这种认知会瞬间改变孩子的自我价值，除了怨恨的怒意，还会认为自己是个不配拥有幸福的人。

我在咨询的经历中遇到过这样的孩子，他们的父母在自己儿时早早离异，给他们的幼小心灵划上了难以弥合的伤痕。从此，他们认为自己这辈子注定不会幸福，因而在每一次最靠近幸福的时刻，会本能地将幸福推开，更有甚者，在一段甜蜜的恋情即将步入婚姻殿堂前，要不做出任性的行为，破坏感情，要不毫无理由地唐突悔婚，给双方带来痛苦。这就是因为在他的潜意识里一直有个声音在告诉他：你不配拥有幸福。

所以，离婚或不离婚，已经是让一家人都很痛苦的情境，也都是对不起孩子的错误。为了弥补我们的错误，为了偿还我们已然亏欠孩子的责任，请在不能给孩子一个完整的家庭时，给他一段完整的亲情吧！

二、两个人一起向孩子说明事实

如果我们在衡量情势之后，决定留下来，那就好好地经营婚姻，学会用智慧和勇气去面对曾经的颠簸，弥合它所造成的裂纹。如果决定离开，那也好好地做好损害管控，同样用智慧和勇气去面对伤口，不让裂痕扩大，血流不止。

现在的孩子不比从前。他们接触到比以往更多的资讯，了解更多的事情，也从同学身上听见过相似的故事，所以他们心里明白发生了什么事，也从家庭的氛围和长辈们的交流中，对即将可能到来的结果有心理准备。如果我们什么都不告诉他，以为把他们隔离在争执之外就是在保护他们，实际却是让小小的心灵在一知半解中越来越害怕。

是的，如果发生的只是夫妻间寻常的意见不合，我们确实要尽可能地避免在孩子面前吵架，但如果发生的是攸关底线的冲撞，而剧烈的争吵又势不可免，那就得根据孩子的年龄，简要而适当地跟他说明。例如：

爸爸妈妈为了……两个人意见不合，不太开心，就像你和毛毛一起玩的时候，也会不开心和吵架一样。不过我们都很爱你，也都很爱对方，所以你不用担心！（这是控制不住寻常小吵之后的处理方法。）

爸爸/妈妈做了惹妈妈/爸爸特别生气的事，所以我们都很不开心，都很生气。不过我们都很爱你，都知道你是个很乖的好孩子。你不用担心，不管怎么样，你都是很安全的！（这是激烈的争吵之后，有可能分开的处理方法。）

这是吵架后要心平气和地告诉孩子的内容。但如果我们已经决定分开，那就必须夫妻两人，找出一个共同的时间，不接手机，不处理其他事情，心平气和地和孩子说爸爸妈妈决定的事。在这里我想强调的是：

1. 不管是谁的错或不是谁的错，让完整的家庭走到今天这个地步，做父母的，都亏欠孩子。

2. 必须两个人一起向孩子说明今后的改变。如果只有一方说明，一来，绝对不可能不指责不在现场的对方。二来，孩子不明确另一方的态度，仍然会很害怕。

3. 不要低估孩子的智商，哪怕只是个幼儿园大班的孩子。所以尽可能清楚地陈述即将发生的事实：爸爸下个星期就搬出去住了，我们已经决定要分开了等等。如果孩子问为什么，我们就说，因为我们住在一起越来越不开心。

4. 大部分的孩子在这个时候已经开始流泪，他们通常不敢放声大哭，因为已经被父母吓坏了，所以不敢再做出让爸妈不高兴的事。这个时候，父母一方一定要搂住孩子，告诉他，不要怕，我们都很爱他，他很安全。

5. 如果可能，请告诉孩子接下来的安排。例如，他什么时候可以看见爸爸或妈妈。

6. 请允许孩子用自己需要的时间来消化他的情绪，不要阻止，也不要催促。通常，三、四岁以下的孩子对这些变化还不了解，但也有可能把害怕转换到突然又开始尿床或夜里被噩梦吓醒大哭上。十岁以上的前青少年，有可能会一声不响、表情冷漠地回到房间，拒绝再跟父母说话。

7. 不用担心，只要我们处理的方式正确，今后的日子不强迫他选边站，不诋毁他的爸爸或妈妈，不限制他亲情的完整，这些情绪就都会过去的。

三、尽量避免生活环境的变动

回忆是很伤人的，当爱情消逝、婚姻凋敝，见到昔日和他一起走过的景物，难免触景伤情，此时有可能想搬离这个地方，换个环境重新开始。

如果我们还没有孩子或孩子还很小，不懂事，这个想法比较容易实行。但如果已经有了比较大的孩子，尤其是青少年，此时孩子已经在学校里建立了自己的同辈团体和玩伴，或对现在的生活环境有了感情，那么，父母的离异再加上生活环境的变动，对他的冲击就会是雪上加霜。试想，他已经被剥夺了窝在父母羽翼下的安全感，现在又要重新适应新环境，这对还没有完全成熟的孩子来说，是不堪负荷的重量。所以，这个时候就需要情绪更成熟、更有生命历练的我们，勇敢地独自承受回忆的负担，让时间来疗愈伤痕了。

婚变之后，我该怎么办？

婚变后疗伤期的长短，要看离婚过程的破坏性程度，以及导致离婚的真正原因。不过，即使这段婚姻已如同鸡肋，但果真破裂，仍然会带来弃之可惜的伤痛和遗憾。

对于婚变后的伤痛管理，我的建议是：

1. 尽快建立一套新的生活秩序。

这是在心理治疗诸多学派中，行为治疗学派所推崇的方法，我自己觉得在辅导为离婚所苦的个案上，颇为有效。行为治疗的大政精神原则，就是我不管你先前的行为是什么，也不深究是什么原因造成了你的旧行为，反正我就是训练你习惯于一套新的行为模式，让我们在新的行为模式中渐渐忘记了旧的行为，并进而建立新的、更健康的思维方式。

生活遭逢巨变的人，不管是离婚、丧偶或失亲，最难过的关卡之一，是睹物思人，而离婚后所面临的最难突破的心理障碍之一，则是生活中已习惯于他的存在。所以，为了比较快速地从婚变的阴影中走出来，一旦已经从离婚的焦躁抑郁情绪中稍稍稳定下来，就要尽快打起精神，给自己重新建立一个不包含他在内的生活秩序,让新的生活内容覆盖旧的记忆,而不是硬生生地把旧的习惯给抹掉。

如果自己很难一个人做好这件事,可以请"性格开朗"的闺密或姐妹们(或哥儿们)帮忙。请记得,一定要找性格开朗、积极乐观的朋友帮忙,千万别找个愤世嫉俗、啥事都往坏处想的消极思维的朋友,因为我们这个时候最不需要的,就是和另一个不开心的人一起坐在那里舔舐伤口。

建立新的生活秩序包含了日常生活和工作作息,以及闲暇时光的休闲安排。如果经济预算并不如此宽裕,可万万别养成购物疗伤的习惯,要不然,婚变的伤口还没痊愈,又得费脑筋去应付财物的问题了!(我特别在此提醒的原因,是因为许多女子在认清了婚姻的"虚假"之后,会转而兴起"浮生若梦"的喟叹,在反正是过一天算一天的心理驱使之下,变成有购物瘾症的受害者!)

2. 你还年轻,不要害怕寂寞,不要急于扑身投入另一段感情,让自己再次受到伤害。(接下来的话是只说给女孩儿听的)

离开有人陪伴的舒适圈之后,不管是出于报复或出于恐惧寂寞,有些女子很容易有寻找另一段感情来填补这段空白的倾向。当然,疗愈情伤最好的方法是用另一段感情来抚平它,但也就是因为如此,我们在面对新的感情时,一不留神,就会走入自己构建的死胡同里,反而折损了有可能修成正果的美好情缘。

我们有可能因为害怕再次受到伤害而变得像刺猬一般疑神疑鬼,有可能因为害怕再次寂寞而变得非常黏人,也有可能因为急于求成而变得过于热切。总之,当我们不是用平和安静的心情去谈恋爱时,恋爱的另一方就一定会感受到我们的窘迫和焦虑,那么这样的爱情就失去了它该有的甜美和浓郁,自然走着、走着就无以为继了。

我没有办法告诉你一个何时可以迎接新恋情的精确时间表,但我可以给你一个可以当作参考参数的坐标。从忘却婚变情伤的角度来说,12个月到18个月,是个被大家认可的时间范围。而从心理特征的角度来说,当你可以"正常"地看着好朋友夫妇间的亲昵举动而不回家抱着枕头痛哭时,就表示你可以昂首迎接下一段恋情了!

3. 别忘了"女为悦己容",而不仅仅是"为悦己者容"。

如果婚变的理由是先生的背叛，那么这种足以灭顶的羞辱，很有可能就成为灭顶的绝望和放弃。有些失婚的女人因此失去了对自己的喜爱，不再打扮、不再留心、不再以为自己还有享受生活和快乐的权利。

我在从事婚姻治疗工作期间，见过许多离婚后突然变得很胖、很邋遢的女人，她们因婚姻的失败否定自己，因此不觉得自己还有美丽的必要性或可能性。我当然可以理解这种被羞辱击溃后的挫败和心如死灰，但我总是试着帮助这些女性了解，失去婚姻并不意味着失去自己。

是的，我们是在这段婚姻的战役中败下阵来，也确实被它痛击得体无完肤，甚至在婚变的过程中，被羞辱得一无是处。但是，如果我们愿意在这次失败的战役之后，拱手把自己的幸福权力交在那并不值得的人的手里，让他在即便转身离去之后，仍然能用一条看不见的巨大铁链，紧紧地掐住我们的脖子，那我们真的就是不尊敬自己，也不值得别人的尊敬了！

因此，请从深陷的沙发上站起来，拉开窗帘，让阳光洒遍室内，正视镜中的自己，在总结经验、集聚教训之后，奋起，继续往下一个更美好的目标，大步迈进！

第十六章

230

◆ 再婚后的夫妻之道

2017年2月播出的美国HBO迷你电视剧《大小谎言》（Big Little Lies），由身材修长的妮可·基德曼和娇小玲珑的瑞茜·威瑟斯彭主演，是近几年我看过的最好看的电视剧之一。

剧中的瑞茜·威瑟斯彭是个好胜心强、爱管闲事的全职妈妈，全心全力投入女儿的学校事务，在那个有钱人聚集的社区里，是个能影响一众妈妈的领导人物。她有两个女儿，老大已进入青春期，是和前夫生的。活泼可爱的老二刚上小学，是和现在的丈夫生的。有趣的是，前夫和现任妻子生的女儿和她的二女儿同岁，两个人同时上了社区贵族私立小学的一年级，还被分在了同一班。

瑞茜和前夫离婚是因为有第三者插足，是个有着棕色光滑的皮肤、身段柔软的社区瑜伽老师。她的现任丈夫是个IT公司老板，提供给了她比第一任丈夫更优渥的生活，在社区数一数二的大房子里住着，重要的是，还一往情深地爱着她。

可是，瑞茜并没有全心拥抱现在的婚姻，她把心思和眼光更多地放在了和前夫新成立的家庭的"较量"上。她并不是不爱现在的先生，也并不是还爱着前夫（她其实是瞧不起胸无大志、只想安逸生活的前夫的），她之所以较量，是因为即使时隔多年，但内心的怒火还没消失，被背叛羞辱的自尊也还没有修复好，所以好斗的她，选择继续留在这个战场上。这个决定让她很不快乐，还险些葬送了更适合她的第二段婚姻。

这部只有七集的迷你电视剧得奖无数，除了主演们演得好、导演的拍摄手法优秀之外，剧本也获得了奖项。我对他们高调得奖举双手赞成，因为剧中对每一个家庭关系的描绘都如此贴切到位，尤其对二婚者心理状况的拿捏更是高明。

再婚者的心理真相

不可讳言，第二段婚姻所要面对的现实问题，比第一段婚姻要多得多。因为不管是因为离婚或丧偶，两个人都曾经在婚姻中待过，对婚姻已经有了自己固定的感受和看法，这些固定的情绪记忆，也许是幸福甜蜜的，也许是苦涩压抑的，但都会或多或少地、不可避免地成为再婚后对彼此关系的衡量坐标。所以，婚姻中的两人在已经有心理预期和情感参照物的前提下，比较不容易抛弃定见、公平地去对待和接受对方真实的感情。

我曾经为一位学历很高、事业又非常有成就的女士做过心理辅导。她和第一任先生生了两个孩子，两人离婚后，她得到了两个孩子的抚养权，还住在同一个城市里的先生只是偶尔出现在孩子的生活中。几年后，她又结婚了，第二任先生对她百依百顺，同样也是一个事业很有成就的商人，他和前妻生的女儿和妈妈移民到了加拿大，在当地读高中。

婚后的前几年，他们很快乐，先生对不是己出的两个孩子很好，孩子们也都很喜欢新爸爸。由于年龄的关系，他们决定不再有属于两个人的孩子，只希望将来俩人能互相依靠，白头偕老。可是这段幸福的婚姻，却在短短的一个暑假里，天翻地覆，几乎崩盘。

那年夏天，先生和前妻生的女儿从加拿大的大学毕业，准备在秋天开始读研究所之前，回到国内实习几个月，一方面积累专业经验，另一方面也能和只是写邮件、发微信的爸爸好好地相处一段时间。前任女儿下飞机的那一天，我的心理辅导个案非常明理懂事地买了大包小包的礼物，和先生一起开车到机场迎接，也前前后后地忙着帮她安顿好公司附近的出租公寓，一起吃饭时，孩子也礼貌懂事，让她很开心。

可是接下来的几个星期，她突然像变了一个人似的无理取闹。只要先生去看女儿，陪女儿吃一顿饭，她就在家里歇斯底里地砸杯子摔碗。先生知道她吃醋，所以尽量减少和女儿见面的频率，而且每次见面都会清清楚楚地告诉她，还希望她一起去。有一天，先生又和再过两个星期就要回加拿大的女儿约好吃饭，也请她一同参加，她发了疯地不准先生出门，还扬言：只要你走出家门一步，我们明天就去办离婚。这次先生也许真的是被她逼急了，冷冷地看了她一眼，头也不回地走出家门。

坐在我对面的她在讲述这个故事时，不但哭红了眼，还一直羞愧地说："我怎么会变成这种没有教养、不讲理的坏人呢？他对我的两个孩子视如己出，那么好，我却对只是回来过暑假的孩子那么刻薄霸道。每一次发完脾气，我都会很后悔地告诉自己绝对不能再这样，也跟他道歉，但下一次他们要见面时，我又完全控制不住快要发疯的自己！我该怎么办呢？"

我知道她的愤怒来源于自己孩子的亲生父亲。于是问她当年离婚时的所有细节。她说先生有外遇之后,并没有表现出挽留家庭的意愿,她也出于骄傲,很快就协议离婚。离婚时,担任公职的先生并没有在财产上有任何的要求,因为知道她蒸蒸日上的事业才是家里经济的主要来源。不过,除了对夫妻共有财产无所求之外,先生对两个孩子的抚养权也没有极力地争取,只说还年幼的孩子留在母亲的身边更好,一来,妈妈的陪伴比爸爸更重要;二来,跟着她才能有更富裕的生活和受到更好的教育。

在之后的几次心理辅导中,我慢慢地帮助她揭开隐藏在内心深处的伤痛。和初恋的丈夫离婚时,先生表现出对"财产"和"孩子"都无所谓的态度,而这两样东西又恰恰是她引以为傲、足以代表自己的优势和能力的筹码,所以除了被背叛的痛苦之外,先生为了第三者而对她的"不屑一顾",更是切进她骨头里的羞辱。她虽然赢得了离婚谈判时的一切,但心里知道,她已经输光了所有的自尊。

所以当现任丈夫的女儿还没有和她面对面地见着之前,孩子还不足以揭开这个碰不得的伤痛,可一旦她亲眼看见"别人的先生"是如何宝贝呵护和"别人的妻子"所生的孩子时,那个硬是被吞下去的羞辱肿块,就再也没法被压下去了。

我把仍然相爱的夫妻俩都请到了我的治疗室,说明了这个一直在内心深处啃噬着妻子的痛苦事实,除了请求先生的理解和宽恕之外,也请他在下次再可能遇到这种情况时,不要说道理,只是紧紧地搂着妻子,告诉她:是我!是我!我珍惜你,爱你!

让我很开心的是,几个月之后我接到了她从加拿大寄来的一个包裹,里面除了有加拿大枫糖浆之外,还有一张照片和一封很长的信。信里面说她和先生一起到加拿大看望女儿,三个人还一起出门旅行了一周。这次见面,她也为自己上次的刻薄无理向很懂事的女儿道了歉。这个包裹让我开心了好多天,因为知道她的第二段婚姻从此就迎向了春天。

下一个会更好!

英国路透社于 2013 年 11 月刊出了一篇有关中国婚姻现况的报道,报道中提及,中国的离婚率已连续七年不断地往上攀升,而其中 2012 年全国离婚率的同比增幅甚至还超过了当年的结婚率。

北京、上海这些比其他城市更国际化的大城市中，离婚率更是从1980年的不到5%，直线上升到现在的40%左右，所以再婚确实是现代婚姻中必须认真讨论的一个环节。

如果再婚的双方，不管有一方是初婚，或两个人在前一段婚姻中都还没有孩子，那么需要磨合的问题会少一些，最多只是两人之间的感情、个人背后的原生家庭、与前任重叠的朋友圈所引起的尴尬和不快。但如果再婚是在一方或双方都有了孩子以后，牵涉到的问题就会比较复杂。因为从孩子的问题来看，再婚的配偶难免要和前任因为孩子而见面，这很容易引起另一方的猜疑和嫉妒；财产的分配和使用，也会因对孩子的教育规划而有所不同，因此，根据统计，孩子和财产是再婚者再离异的最主要原因。

那么，我们该怎么在进入二度婚姻之前，先做好功课，才能享受到真正的第二个春天呢？

第一，坦诚是重要的第一步。坦诚地让对方知道第一段婚姻失败的原因、对这段婚姻的期望、对夫妻亲密关系的理解、对前段婚姻所生孩子的培养计划和态度、和前任配偶目前的关系、对金钱的价值观和对钱财的处理方式等等……这个步骤听起来好像不是那么罗曼蒂克,也不像准备进入婚姻的人应该有的感性作为。但再婚毕竟不像年轻人第一次组成家庭,有大把的时间在卿卿我我的两人世界中慢慢磨合,我们在结合后就必须零时差地立刻面对这些问题,所以越是在婚前彼此坦诚,就越能减少将来在这些问题上被绊倒的概率。

第二,共同签署一份婚前协议书。婚前协议书对热恋中的年轻人来说也许是很煞风景和伤感情的,但对已各自拥有财产和子女的恋人来说,却是很有必要的保护。而且,深谙世事的成年人也应该有这样的理性和成熟度去理解它的必要性。再说了,观察对方对签署婚前协议书的态度和签署时所关注的事,也能帮助我们更好地决定是不是确定要走进这桩婚姻之中。

对于中年再婚的家庭,很少有建立家庭经济共同体的需要。他们大多已拥有各自多年的职业收入和银行存款,因此缺少了青年夫妻共同为新家庭打拼的革命情感。而且在许多案例中,有些夫妻在为了保护自己已有财产的情况下,甚至在日常生活的花销上都采取AA制。所以,婚前协议虽然重要,但经济和财务的绝对独立和过度的泾渭分明,也往往会成为夫妻之间很难跨越的情感鸿沟。

第三,结婚后,一定要分清配偶和孩子间的主次关系。再婚和年轻婚姻的最大不同点在于孩子。让我们实事求是地说,对任何一个普通人来说,要发自内心地疼爱配偶和前任所生的孩子是需要时间的,而且孩子的年龄越小,培养的速度越快。所以,如果再婚的夫妻所面对的是已经长大的孩子,他所需要的时间和心力一定也会越长和越多。如果我们不能理解这一点,还总是把对孩子的关心放在现任妻子或丈夫的前面,就势必会造成配偶的不快和埋怨,也势必会对婚姻造成一定程度的伤害。

另外,前段婚姻所生的子女如果都已经长大成人,虽然他们不需要处理和调解无血缘关系手足间的纠纷或争宠,但他们所带来的阻力却可能更加具有破坏力。例如,青春期子女为了惩罚父母的背叛而故意学坏;因学费、结婚、购房等需要而出现巨额花费;已婚子女和继父母之间对财产的争夺等等,都可能是导致再婚无以为继的原因。

最后,相信爱情是可以永恒存在的。虽然我们曾经在爱情中受过伤害，但那并不表示我们就失去了爱的能力和被爱的权利。此外，也许我们在现任婚姻的配偶身上找到了前任所没有的优点，但也有可能在他身上看到了前任所没有的缺点，因此我们需要在婚姻中注入爱情的元素，让爱的恒久忍耐和恩慈，帮助我们接纳所有并渡过难关。

后爸后妈如何拿捏对继子女的管教

白雪公主吃了继母皇后的毒苹果而沉睡不醒；灰姑娘辛德瑞拉的继母不让她参加英俊王子的舞会；森林中三个小矮人里的后妈只给继女喝凉茶……这些恶毒继母的故事吓坏了我们，使我们相信只要是后妈，就一定是坏人，就一定会虐待继子继女，所以当我们成为继父母之后，在管教上除了担心别人怎么看我们之外，也担心继子女对我们管教的反弹，所以会陷入父子骑驴的进退两难。以下是专家们给的建议：

1. 请记得，孩子曾经经历了不愉快婚姻的心理创伤，是个饱受惊吓的小动物。

想象一下，对年龄还小，心理还远远没有成熟的孩子来说，自认为被父母抛弃是相当可怕的一件事，他们对后爸后妈的反抗行为，是因为内心的不安全感所造成的。他们害怕再一次地信任和付出，会遭遇到再一次的伤害和背叛，所以干脆先保护自己再说。

另外，对孩子们来说，喜欢新的爸爸或妈妈，意味着对亲生父母的背叛，这种心理在大孩子、小孩子身上都会发生，所以我们要理解他们需要时间，也需要在观察我们的表现之后，才能做出放心的决定。

2. 真心地倾听和爱护

如果觉得孩子在刻意地抗拒我们的亲近，可以私下问问孩子喜欢什么，或对哪一类的话题有兴趣，然后故意找到这些东西或话题，让它们成为我们相处时的内容，建立起共同的兴趣。

另外，多花时间和他相处，让他习惯我们的陪伴。过程的一开始难免沮丧和艰难，但如果能真心地爱和关心他，敏感和极需要从过去的伤害中被呵护和安慰的孩子，是会感受得到并且乐意接纳的。

3. 不要阻止孩子和他的亲生父母见面和相处

谁都可以理解在知道继子女和亲生父母见面时,我们内心错综复杂的情绪,既有想要阻止的冲动,又知道这是不对的。事实上,克服这个心理障碍的办法很简单,就是反其道而行之,不但不阻止,反而还大方地去帮助孩子和他的亲生父母见面。例如,开车接送他去见面的地点;和他一起上街挑选礼物;帮他一起制作母亲节卡片……

这么做,不但配偶会更尊敬和感激我们,孩子会更信任和爱我们,最值得的是,让配偶的前任在孩子面前失去了批评我们或攻击我们的着力点。

4. 不要拿自己去和他的亲生父母做比较

嫉妒会坏事,竞争更会坏事,所以千万不要在孩子面前批评或贬低他们的亲生父母。也许你们在"争夺爱人"的战役中有些不堪,但这不关孩子们的事,如果我们把情绪延伸到孩子身上,不但对孩子不公平,还会失去周遭所有人的支持,是非常得不偿失的事。

5. 尽到做父母的责任

如果我真心地爱他，希望他能健康的成长，我就能没有挂碍地去管教他，哪怕他不是我亲生的。

管教时，我们之所以畏首畏尾，是因为自己的心理作祟。我们没有真心地接受他，所以才不能坦然地去管教他。如果我们在这种心理情况下，管教自己的孩子严格，管教继子女宽松，那么就更是会伤害孩子们的心。继子女认为我们的差别待遇是因为不在乎他们，亲生孩子则认为我们的差别待遇是在故意讨好继父母，然后让他们成为牺牲品。

婚姻是一门需要智慧和勇气去经营的课，再婚更是需要智慧和勇气去经营的课。好在我们既有爱情为基础，又有了第一段婚姻的前车之鉴，知道哪些事该绕道而行，哪些事该勇往直前。所以，二婚虽然路途险阻，但路途中的蓝天白云、鸟语花香，仍然可以享受和期待！

第十七章

244

◆

重新回到两人世界

四年前的秋天,我们的独子结婚了。与他心爱的女孩组成了自己的小家庭。

我们家一直有个从儿子读大一开始,就十分珍视并持续了16年以上的传统,那就是一家三口每年至少要一起出门去度个长假。这个长假的时间通常在两个星期到三个星期左右,儿子还在读书时,我们会选择寒暑假期间,他毕业工作以后,就配合他能休年假的时间。我们每次出去玩都很开心,租一间酒店里的大套房,一家三口都挤在这个大房子里。

每到一个地方,我们都喜欢买一组杯子当作纪念品,所以现在我们家有从世界各地买来的、三个人的杯子,有专门喝咖啡的咖啡杯;喝啤酒的高玻璃杯;纯摆设的无用杯;或者是带着两个大耳朵的汤杯。总而言之,永远都是同款式、不同花色的一式三份。五年多前,儿子和儿媳认真地交朋友了以后,我们一家三口的旅行,变成了一家四口的旅行,除了多了一个可爱的女孩之外,第一个最大的区别是,我们需要订两个酒店房间,以及买四个杯子。

除此之外,我们不再能只顾及儿子的时间,我们还需要顾及儿媳的时间,虽然懂事的他们总是会想尽办法来配合我们，但他爸爸和我心里明白，我们可能需要对传统做一些调整。原来儿子可以跟我们一起走二十天，甚至一个月，现在儿子和儿媳能够给我们的时间可能就只有七天。我们没有不高兴，反而非常开心他们愿意和我们一起出门，也非常珍惜这短短的七天。但是我们懂得，也做了心理准备，总有一天，被孩子缠身的他们，只能在腾出手的周末，到附近来看看我们。

我们的故事，在每一个家庭里上演，剧情可能不尽相同，但大体的意思是一样的。所以，夫妻之道的最后一门功课，就是要学会在孩子长大、飞离鸟巢之后，老夫老妻如何重新回到"大眼瞪小眼"但又"相看两不厌"的二人世界。

建立新的"厮守关系"

就像普天下任何一对从单纯的夫妻关系升格为父母关系的男女一样，我们在有了孩子之后，大部分时间的思绪和谈话内容，都会以孩子为中心。从新手爸爸打电话回家给新手妈妈问的第一句话："宝宝今天吃奶乖吗？"开始，我们讨论孩子该不该去上早教班；要不要想办法进重点小学；怎么处理早晨不起床和拖沓的坏习惯；发现有早恋的迹象时该怎么应对；高考分数不理想怎么办；不喜欢他的交往对象但又不知道该怎么阻止……

在至少长达25年的婚姻生活中，我们是以负责任的父母角色来面对彼此的关系，孩子既提供给我们谈话的主题和内容，也成为构建我们沟通的纽带，我们在这样既紧密、又不完全紧密的关系中，适应良好且理所当然。

可是当孩子长大成人，离开他的原生家庭以后，我们之间就突然腾出了一块空地，这块原来堆满了东西的空地，一时间让我们既不适应又五味杂陈，甚至还有些微的恐惧。我们因此必须在失落、空虚、担心、忐忑等等让人不知所措的情绪中，慢慢地摸索出一起面对和处理这块空地的方法，是无视或回避这块空地的存在？是想办法搬一些东西来填补它？是两个人都往前挪几步让空地消失？总之，我们决定如何处理这块空地，也决定了我们从父母关系又重新成为夫妻关系之后的婚姻生活内涵。

很多时候，两个人闷着头努力地往前奔，等终于忙得可以告一段落抬起头、喘会儿气时，才发现不是谁有了外遇，而是已经不再懂得或忘了如何在无关孩子的情况下继续聊天。

所以,建立新的厮守关系,把一直存在、只是搁置了有些年头的话匣子找出来,从回忆两人共同记忆中的快乐时光开始,话题可以和孩子有关,但必须是过去的快乐记忆。因为回忆过去的快乐时光,能帮助我们在这个当下身心放松,也能从曾经的共处艰难中找回胼手胝足的亲密感。而且,一旦相处时的身心处于放松状态,又同时沉浸在曾经的美好情绪里,新的、无关孩子的、只和夫妻两人有关的话题,就比较容易展开了。

还有,任何一对夫妻在面对孩子长大离家而腾出的空地时,都得正视和找出如何去填补这块空地的方法。我们可以找到某一项夫妻可以共同参与的兴趣或嗜好去填补它;可以增加和共同朋友的相处频率来丰富它;也可以发现并创造新的话题来充实谈话的内容。总之,我们不能漠视它的存在,也不能让它就这么空着等孩子回家再来填满,我们越积极地处理这块空地,这块空地就越不会成为我们之间的问题,而空地上曾经的住户也就越能得到成长后的自由。

当然,每个家庭和每对夫妻的实际情况肯定有所不同,但不论具体情况如何，思考如何建立新的厮守关系，都是在空巢期开始时、甚至开始前的重要功课。不过，让人欣慰的是，对毕竟是以爱情为结合的基础，又共同生活了20多年的夫妻来说，只要我们正视这个课题的重要性，并愿意共同去经营它，一旦开始着手进行，就会发现它绝对不是一件多么困难的事。

重新发现彼此

不管我们愿不愿意，很多时候，在我们几乎无法觉察的情况下，婚姻在历经养育子女的重大责任后，两人的自我形象以及对彼此的观点会产生很大的改变，甚至婚姻的本质也会有所不同。我们可能朝夕相处，也熟悉岁月对彼此外貌上的变化，也熟悉彼此所行经的人生路程，但一旦回到两人世界，无法再用孩子来回避对方的内心世界时，我们是不是还依然能碰触到对方的心跳，了解他的所思所想和所爱？

如果我们不能看见、无法碰触，也并不了解此时此刻最真实的对方，那么，再多的沟通技巧和努力也是枉然，同时也会是造成挫败感和却步不前的原因。因此，在建立新的厮守关系和连结方式时,重新发现彼此,是非常关键的步骤。

在重新发现彼此的工作上,"注意力的转移"是一个可以首先尝试去做的事。当孩子还没成年之前,身为父母,我们责无旁贷地必须把绝大部分的注意力放在照顾他们的身上,可是,即使他们已进入不再需要我们照顾的成年阶段,哪怕是都已经成家立业,我们还是会控制不住地把注意力放在他们身上。所以,注意力的转移没有我们想象的那么简单,是需要我们"刻意地"练习去做的事。

读到这里,您可能会说,我一直是很注意他的呀,他每天吃的、喝的、穿的,哪一样不是我给伺候得好好的,我们之间并不存在注意力的问题。是的,这些生活上的注意和关心,我相信是不缺乏的,但我在这里所说的注意力,是指我们愿意专心地去听对方说话,用心地去理解对方的心情。

在我接触到的那么多前来请我帮助婚姻问题的配偶中,以及我自己身边的朋友中,我最常听见的抱怨是:"我在他面前就是空气!""我们两个人没法沟通""我们之间没有共同的话题"。说这些话的夫妻们并不是个个都正准备要离婚,也不是个个都是不负责任的坏丈夫或坏妻子。绝大部分的他们，都是对家庭、对孩子、对配偶尽职尽责的好人，只是他们在对配偶尽本分、尽责任之后，不会或不懂得再多做或多说些什么罢了。

如果您告诉我，现在有百分之九十五以上的家庭都是这样，没办法，就凑合着过吧！（这是我们公司某位同事的原话），我不能说您是错的，但如果我能说服您至少试试看，先不要急着对配偶的"怪毛病"嗤之以鼻或不屑一顾，那么您可能就会发现，当我们愿意多花很多精神和多付出很多注意力在对方的所思所想上的话，我们能收获的，就是成为赢家所能拥有更幸福和更有滋有味的老来伴生活了。

因此，我要求自己，在先生和我重新披上今后两人相依为命的老夫老妻关系后，必须一直努力地发现并看见他的存在。我相信有些时候它会很难做到，也会很费力气，因为我们毕竟已不再是老祖母那个年代的女人，需要事事仰仗丈夫的给予，我有我个人的主观意志和所关心的事，也有远超过老祖母的独立生活能力，因此让我把注意力从孩子和自己的身上转移，并不是一件那么容易的事。

但说到底，这个选择权是在我们自己的手上，没有人能左右我们，而我们的选择又决定了今后婚姻生活的品质和内涵。因此，想要两个搭伴过日子、话题只围绕着柴米油盐打转的空气人，或想要两个能分享生活点滴感动和紧密相依的生命伴侣，就只能由我们自己来决定了。

为生活制造惊喜

在进一步阐述这个主题之前，我想先请你做个小小的实验：请用你的右手，挠挠你右侧的腋窝，痒吗？好，再请你用右手，挠挠你左侧的腋窝，有什么样的感觉？好，现在麻烦你站起来，走到你老伴的身边，用你的右手挠挠他的腋窝，怎么样？他的反应还行吗？

这是个行为心理学上有关"预期效应"的小小实验。当我们用手指挠自己的腋窝时，由于我们对自己手指的动作一清二楚，所以这种确切的预知会阻止了痒的感觉。不过有趣的是，当我们用右手挠右侧腋窝时，我们不会有任何痒的感觉，而用右手挠左侧腋窝时，身体左右两侧神经系统的时间差产生了极为细微的不可预测性，于是让我们有了一点点痒的感觉。那么无法预知我们手指动作的老伴，对挠痒的反应如何呢？我相信一定会很激烈。要不，他被你吓了一大跳，身体立刻弹开；要不，他完全无法招架，把身体缩成一团，咯咯地笑。

现实生活中，"预期效应"常常左右了我们的选择。例如选择职业的时候，我们会倾向于找那些被公认为安全和具有高度可预期性的金饭碗或铁饭碗工作；选择对象时，我们只敢追求或接受那些我们自认为可以"驾驭"的人，而不敢高攀或挑战我们无法掌握的对象。"预期效应"为我们画出了一个舒适圈，在这个舒适圈里，我们知道向左转会看见什么风景，向右转又会遇到什么危险，我们在圈里感受到从属和存在，以及因熟悉而带来的自信和安全。

但是，这个能为我们带来积极心理效应的"预期效应"也有它消极的一面。由预期效应而产生的"快乐适应力"，就是其中一个会降低、甚至会阻碍我们享受快乐和感受幸福生活能力的因素。

举个我们都有经验的例子来说，当我们为家里添置一件好不容易才下定决心购买的物品时，最初的一段时间，我们会非常兴奋，每次看见它也都非常开心。但随着日子久了，我们因拥有它而兴奋的程度会慢慢地降低，享受它所带来的快乐感也会慢慢消失，一直到我们又购买了另一件梦寐以求的物品之后，这样的兴奋和快乐才会再度光临（这就是奢侈品牌有恃无恐地花大钱砸广告的原因）。

近几年常常被媒体提及，认为是促使婚外情发生原因之一的"审美疲劳"或"握着老伴的手，就像左手握右手"，就是朝夕相处多年的夫妻，在预期效应所产生的快乐适应力的作用下，让经年累月的了无新意，把惊艳度和享受度都逐次递减的最好例证。

因此，为了不让牵手多年的婚姻生活落入"食之鸡肋、弃之可惜"的乏味境况，我们必须多花一些心思在打破某些一成不变的习惯和制造美丽的新鲜感上。例如，隔段时间就改变一下客厅陈设或家具的摆放位置。我的一位法国女朋友把这件事做到了极致，以至于有天深夜，她那刚应酬完并喝了酒的先生迷迷瞪瞪地回到家之后，以为自己走错了哪位单身姑娘的门，惊吓之余，赶紧蹑手蹑脚地关上门离开，回到楼下，再次上楼、开门、再次吓得赶紧离开……最后，几近崩溃的他，才发现原来是他那位太有才的老婆，为了增加情趣，请人把客厅的沙发搬到了卧室，把卧室的双人床搬到了客厅正中央，而当他正惊魂未定地在电梯间和楼道里上上下下地忙活时，穿了一身性感薄纱小睡裙的老婆，已经在客厅正中央的大床上昏睡到不知哪一个宇宙去了。

除了像我朋友这样用心制造生活中的惊喜和情趣之外，在各方面条件许可的情况下，偶尔变换个发型，变换着装的风格，甚至变换餐桌上常出现的菜色，也都是能切断快乐适应力递减效应和增加审美新鲜感的小技巧。当然，在所有挖空心思的变化中，让自己成为一个随时都有新点子、带来新惊喜和新乐趣的人，可能才是其中最让人流连忘返的有效方法。

我记得曾经看过一部探讨爱情和婚姻的电影，片名我已经记不得了，但却对剧情和其中的一些对白印象深刻。那是一部描述三个大学同班同学女孩，在走出校园后，拥有各自的事业和婚姻的故事。其中一位家世最好、在学校里表现得最出色、人也长得最漂亮的女孩，虽然起步得最早，但是在历经三次婚姻后也伤得最重。当她们在 20 周年的同学会上聚首时，这位显见沧桑但风韵犹存的中年女子，请教了婚姻

已迈入第 40 年的女老师,她是如何做到让自己的男人只忠于她的?女老师回答说:

很简单,孩子,你只要成为一本让人读起来很快乐的童话故事书。你的男人可以从阅读这本书的过程中,获得阅读的乐趣,满足天马行空的幻想,激励探索的精神,以及最重要的,他永远不知道翻开的下一页是什么!

成全对方的兴趣

我写"成全"对方的兴趣,而不是"鼓励"或"参与"对方的兴趣的原因是,成全需要付出更多的努力、耐心和妥协。它不像鼓励那样,可以置身度外,只要站在一旁拍巴掌打气就行,它也不像参与那样,明明自己不喜欢却要苦哈哈地硬装成喜欢的样子。成全是一种尊重的态度,是一种陪伴的付出,也是一种娇宠的心情。

2013 年春节过后,先生和我依照往例,在大部分游客都认为的旅游淡季,去土耳其旅行了三个星期。那年冬天土耳其的气候有些反常,我们停留在伊斯坦布尔的十天里,天天都下着绵密的大雪。我们居停的精品小酒店就在索菲亚大教堂旁边的巷子里,因此每天出门都要经过大教堂前竖着一座巨型方尖碑的长方形广场。

我先生喜欢摄影,大三时,他的一帧摄影作品还曾经得过一个蛮重要的奖项。因此每次出门旅行,他都要带着好几个随身硬盘和至少两台照相机,以便每晚在酒店房间把当天拍的照片整理好并全部存进电脑和硬盘里。我们合作过一本旅行埃及的书《37码走埃及》,内容就是他的摄影作品和我写的文字。

不知道是不是飞翔在土耳其博斯普鲁斯海峡寒冬上空的海鸥触发了他对拍摄鸟类的兴趣,总之,我们每天在伊斯坦布尔酒店顶楼面对着辽阔海峡的早餐室吃早餐时,他都要对着有着嘎嘎叫声、飞翔姿态优美的海鸥着迷地拍上好久。在酒店顶楼拍完博斯普鲁斯海峡的海鸥之后,他又对索菲亚大教堂前方尖碑上的不知名大鸟发生了兴趣,而且往往为了等待大鸟的最佳起飞和降落姿势,在鹅毛大雪中伫立20分钟。

对于在博斯普鲁斯海峡白雪苍茫的天空中飞翔的海鸥,我当然也觉得是极为优雅和饶富诗意的。但我顶多是举起手中的手机相机,拍几张照片发到微博和朋友圈里分享,不像先生可以为光影、背景、姿势的变化而耐心等候。为了不打断他的兴致，也为了让他安心等候，第二天早上，我带了一本书到早餐室里阅读，在浓浓的热咖啡香气中，我专心地看我的书，他则专心地对着在我看来完全相同的海鸥。等到他拍到了满意的画面之后，我们再一起欣赏他刚才捕捉到的得意成果。

在索菲亚大教堂前的露天大广场上，我的任务就比较艰巨。我会在广场旁的咖啡座上等他，为自己、也为他点上一杯厚重的土耳其热茶。我照样就着热茶看我的书，并且时不时为他送去热茶好暖暖他快要冻僵的手。等他终于尽兴地拍完照片之后，我们就一起坐渡轮到对岸的鱼市场吃鲜鱼和贝类海鲜，然后在伊斯坦布尔色彩鲜艳的大街小巷中徒步穿梭。

当我把上述在土耳其的旅行内容告诉我的女朋友们时，有心高气傲的女朋友问我，为什么要这么委屈自己，而且又浪费时间地等他啊？也有务实的女朋友建议我，你们可以先兵分两路各做各的事，然后再在海鲜摊子前会合一起吃饭呀？

我告诉她们，首先，我们这个年龄段的人最大的好处之一,是时间充裕,不用做什么事都匆匆忙忙的;第二,所谓夫妻结伴旅行,就是要拥有时时相守的依偎和对旅行中吉光片羽的共同感动,否则干脆各人参加各人喜欢的旅行团,那不是更加省事?第三,我并没有委屈自己去做不喜欢和不享受的事,他在做自己喜欢做的事情时,我也在享受我的阅读,我们其实是在彼此陪伴,而不是彼此消磨拉锯。最后,也是最重要的,如果连我都不能支持他的爱好,那他还能寻求谁的支持呢?

所以,我找到了和他一起快乐结伴旅行的诀窍(这是让很多人羡慕的一点),那就是我们相随相伴,而不是相随相绊。在他专心拍照时,我不会在旁边摇头叹气或不耐烦地催促,但我也不会无所事事地委曲求全,让他心生不安而不能尽兴。我知道摄影能带给他的快乐和成就,所以我愿意陪着他一起经历这样的时光,让他明白,也让我明白,生活中所有的点滴感动都需要两人一同分享,而要做到这一点,并不光是凭着会说好听的话,而是要身体力行,真的努力去做才行。

前文中我提到过空巢期的空地问题,也建议处理这块空地的可行方法之一,是找到夫妻共同的兴趣和嗜好去填满它。结伴旅行,是先生和我都喜欢做的事,也是我们两人都能从中得到亲密感以及丰富谈话内容的填满方式。那么,属于你们的是什么呢?

写到这里,我突然想起一对已经走到离婚边缘,还好最后经过两人共同努力而峰回路转的夫妻的真实故事。故事中的男主角是位喜欢把所有的心事都藏在心里,不喜欢出门,也不喜欢交朋友的标准中年宅男,而他的妻子则是性格活泼、爱说话且爱玩的中年女子。以前孩子还小的时候,每逢周末,他们不得不带着孩子出门上公园、游乐园、动物园游玩,等孩子进入青春期不再需要、也不再愿意和他们一起共度周末后,这位一直不喜欢出门的先生就终于松了一口气,找到了宅在家里的正当理由,往往整个周末假期连家门都不迈出一步。

总是自己独自出门的太太在忍无可忍之下,向先生提出了再不开车带她出门逛逛就要协议离婚的最后通牒,无可奈何的先生只好穿了衣裳、拿着汽车钥匙、坐进汽车、将汽车发动但仍然停在原地之后,转头对太太说,好了,你现在坐车而且出门了!

承担和欣赏

鉴于美国从 1980 年开始突然跃升至 50% 的离婚率,1989 年,加州伯克利大学的心理学家罗伯特·李文森(Robert Levenson)和约翰·高特曼(John Gottman),以及华盛顿大学、斯坦福大学的心理学教授劳拉·卡斯坦森(Laura Carstensen),共同进行了一项对居住在旧金山湾区的 156 对中年夫妻的纵向追踪调查。这 156 对经过各种诸如社区中心、教堂、地铁宣传单、地区报纸广告等等招募而来参与实验的夫妻,都经过了婚姻初期的震荡,如今都有意愿并准备进入婚姻的中段,并做好了长期抗战的思想准备。

这 156 对夫妻要做的事情很简单,他们只要每隔五年来一趟伯克利大学的心理学实验室,在实验室里对着研究员讲述过去五年间他们婚姻生活中所发生的各种跌宕起伏。在他们知情并同意的情况下,实验室的墙上有几个角度不同的摄像头,摄像头把他们在讲述和对话的过程中所有的语调声音、脸部表情、些微或明显的肢体动作以及谈话的主题都记录了下来。

今天，这156对年龄层分布在60、70、80甚至90岁的夫妻们，有一些已经离婚；有一些进入了第二次婚姻，有一些已然去世，而罗伯特教授在长达25年的观察研究中，得出了这样的结论：

1. 当夫妻用"我们"来讲述婚姻生活情况和看法时，他们对问题的解决能力比较高。
2. 对婚姻的满意度和基因有关，也就是和原生家庭有关。
3. 当婚姻遇到困难时，妻子对问题的解决与否具有较关键的作用。

如今已65岁的罗伯特教授，同时发表了下列报告：

* 一如大家所理解的，"情绪的稳定性"是维持婚姻关系的重要因素，而15年婚龄，则是让婚姻得以继续往下走的关键年份。婚龄短于15年时，我们还有试图改变对方的强烈动机，但一旦结婚超过 15 年以后，我们就渐渐地能以比较成熟的态度去接受配偶的各个面向。

* 那些拥有超过 40 年以上婚龄，而且现在还在持续进行中的婚姻，大体都有一个共同的特质，就是当他们在描述配偶的工作成就或生活能力时，都语带骄傲，或至少不是表情嫌恶或语带轻蔑。此外，在这些婚姻成功的夫妻中，"承担"和"欣赏"是他们描述婚姻生活时常常出现的语汇。

* 一个人在婚姻中是否会表现出激情或像电影情节一样的罗曼蒂克作为，和是否能维系婚姻没有绝对的关系。这些能力和基因有关，也和在原生家庭成长中所观察到的父母的表现有关。也就是说，如果父母的表现"相敬如兵"或"如冰"，那么孩子在自己的婚姻中也会羞于表达感情；而如果父母的相处方式和家庭氛围是轻松欢快的，那么孩子在两性关系中也会是调动情绪和氛围的高手。

* 最常出现在夫妻关系中的两大困难是：第一，沟通。妻子常常感到自己在情绪上是孤独的，丈夫则感到自己不管怎么做，都不会得到太太的满意和认可。第二，子女问题。子女问题的第一个关键时间点是在孩子刚出生时。那时母亲把全副注意力和精力都放在新生孩子身上,而正值性高峰期的父亲,在觉得被妻子冷落和生理需求不满足的情况下,自然就很容易受到外界的诱惑。第一关键期之后,孩子的教育方式、和其中一位父母的沟通困难、成年后的交友择偶,都会是造成夫妻关系产生歧见的原因。不过,好消息是,只要安稳地渡过了第一关键期,父母通常是会站在同一方的。

* 那些结婚于1960年,如今已80、90岁高龄的夫妻中,妻子绝大多数都是没有外出工作的全职主妇。她们在婚姻的前期和前中期,都属于较弱势的一方,实验室的会谈中由丈夫来决定和引导话题,她们只作为帮衬在一旁回应和附和。但是这群年轻时没有经受过职场高强压力的妇女,晚年时外貌和身体都看起来比丈夫更年轻、更健康,同时在实验室的会谈中,也逐渐成为决定和主导话题的强势者。(这就是我常常在演讲中提及、并屡屡获得现场的老太太们用开怀大笑来认可的话:当婚姻走进往往可长达20多年以上的晚期阶段时,家里的老太太在仗着成年子女撑腰和豁出去的心理情况下,往往比势单力薄的老头要厉害得多!)

对于这份常常被婚姻专家们引述或用来作为论述佐证的

纵向追踪调查，最让我心仪的部分是夫妻间的"承担"和"欣赏"。

我从念大学二年级开始，就一直利用傍晚课余时间在外国人家里教小孩们学中文。这些外国人都住在当时台北最昂贵的阳明山别墅区，而除了这些被外派、领高薪的外国人之外，也有一、两户是被高薪聘请回台湾工作的海归精英。

每次我在夜幕低垂时分从别墅区坐巴士回学校宿舍时，都会看见一对外貌和身材都十分登对的华人夫妻，手牵手地在别墅区花木扶疏的路灯下散步，有时只有他们两人，有时还有两个读幼儿园的儿子做伴。请相信我，那对夫妻是当时才刚满20岁的我心目中的神，他们看起来是那么地高贵和时髦，是那么地有学问和有教养，又是那么地甜蜜和恩爱。好几次，我从远远的公交车窗户向外痴望着他们，听得见自己的心跳声和逐渐升起的自惭形秽的自卑感。他们是我心目中最成功、最完美配偶的画像，也是我心上暗暗发誓将来要成为的人。

离开学校以后，我一直在报纸上追踪着这对出色的夫妇的新闻。刚开始几年，我还能看见他们同时出现在媒体的报道中,可后来就渐渐变成更能干的妻子独自发光发热。一直到有一天,当这位已迈向顶峰的妻子成为统领全球几十万员工的知名大企业的总裁,并因此接受电视媒体的独家专访时,她才向媒体坦承自己和先生已经在美国办好离婚手续。当主持人追问她婚姻破裂的原因时,她只是有些骄傲地抬着下巴说:"不知道从哪一天开始,我突然就不再欣赏他了!"

那一天,我又听见了自己心跳的声音,但是是心脏破成碎片跌落在地上的声音。我把她从自己一直保护得很好的神圣角落挪开,并再次暗暗发誓自己绝对不能成为她那样的人。

发展亲密的友情,成为最好的朋友

我个人认为,这是婚姻生活进程中一个重要的本质上的改变。不过,在这里我们首先需要厘清的是,发展亲密的友情,成为最好的朋友,并不意味着我们不再爱对方,或曾经的爱情已不复存在。事实上,从构成婚姻生活的性角度来看,婚姻的进程包括了以下几个不同的阶段——从热烈的爱情,燃烧为炙热的性,然后缓慢地因生理能力的原因而发展为温热的性,最终则从炉火中的余烬成为相依相守的无性老伴关系。

因此，当我们不能再用炙热的爱情表现和热烈的性来解决婚姻生活中的分歧时，其实，这种情况是许多婚姻专家告诫年轻夫妻要尽量避免的事。如果我们遇到问题时，只会用激烈的争吵、眼泪和随之而来的性来解决问题的话，就永远无法建立理性的沟通模式和能力，这对进入中后期逐渐降温的婚姻性关系来说，是一件比较危险的事。我们就需要有像和最好的朋友那样，在全然信任、绝对亲密的关系中，开放而坦然地讨论彼此的想法和对对方意见不同时的据理力争。

每一次回到我们在英国伦敦的家中时，先生和我都喜欢在上午时分到附近的农产品市集中逛逛。我的厨艺很差，所以选菜、买菜的工作都是由先生来负责。我的责任是在市集里东张西望之后，锁定1~2对老夫妇作为观察的目标，我喜欢看他们手牵手一起在菜贩前挑选当天餐桌上的食材，也喜欢看他们一路拌嘴，又一路扶持和互相提醒留意脚下堆放的篮筐。

有一次，我在格林威治公园旁卖面包的摊贩前，全程"偷听和偷看"一对老夫妇的吵架实况。他们为了要不要买一条夹了巧克力的燕麦面包而争论不休。老先生说他喜欢面包里有巧克力的甜味,要不然老太太每天早上做的煎蛋都淡而无味。他说:"我已经忍受了50多年了,我不想再忍受你做的像给监狱犯人吃的塑胶鸡蛋了!"老太太对老先生这番没有良心的抨击丝毫不以为意,她只是四两拨千斤和更"狠毒"地回答:"哦!那好,我们看看你下周一从费雪医师的诊所回来以后,是怎么哭着找妈妈我安慰的吧!"

当然,伶牙俐齿的老太太获得了面包战争的胜利,她拿着没有巧克力的面包付账时,老先生只是无奈地翻翻白眼、耸耸肩,然后就乖乖地牵着老婆妈妈的手,两人笑眯眯地一起逛下一个卖腌橄榄的摊子去了。

那天从市集回到家以后,我把老先生和老太太之间的吵架对白复述给了先生听,虽然知道老先生对太太早餐煎蛋的抱怨是出于撒娇和耍赖,但我还是问先生:我知道我做的饭很难吃,但你敢不敢像老先生那样,那么坦白地对我说?我先生当时并没有立刻回答我的问题,因为不知道这个问题背后是不是藏着会引爆地雷的陷阱。在我认真申明这绝对只是个有关夫妻关系研究的问题之后,他才放心大胆地说:我哪敢啊！这不是找死吗？

我当然不能根据先生的回答，就武断地说我们之间还没有建立起互信的基础，但根据他的回答，我们也能理解，毫无挂碍的坦诚和信任是随着婚姻的进程而逐渐建立起来的。对绝大多数的夫妻来说，尤其是对在婚姻前中期处于弱势的妻子来说，当孩子还没有长大成人之前，我们多少会顾忌家庭氛围对孩子成长和学习的影响，也会刻意粉饰孩子对另一半家长的看法。所以我们会把一些真实的想法隐藏起来，把一些已经说到嘴边的话给硬生生地吞回去。

但是随着孩子逐渐懂事和理解人情世故之后，我们就不再需要像从前那样瞻前顾后，套用我妈妈的话说：我现在是豁出去了！我们比较敢于和配偶据理力争，也会在越来越长久和稳定的相处关系中，敢于表达自己的真实想法。这个转变乍看之下好像有些危险，但是对婚姻的长久关系，却是很有帮助的里程碑。

我们都知道婚姻并不只是靠着爱情就能独立支撑的，当热恋中的情侣组成家庭之后，它还需要许多的理解、不断的调适和一连串的妥协才能继续往前迈进。如果夫妻两人除了彼此相爱,还能成为知心好朋友的话,那么彼此之间就可以因心有灵犀一点通而拥有更深层次的连结关系;因没有沟通的障碍而更享受彼此的陪伴;因不怕爱情的消逝而更有安全感,而且最美好的是,因彼此之间的尊重欣赏和坦诚相见而敢于表露真实的自己。所以,亲密的友情关系就好像是驱动婚姻的另一组备用电源,或保障婚姻永不断电的双重保险丝。

福恩·韦弗(Fawn Weaver)是美国纽约时报的专栏作家和畅销书《快乐妻子俱乐部》(Happy Wives Club)的作者,她自己的婚姻幸福而美满,因此相信婚姻并不像大部分人说的那样充满了背叛和眼泪。她曾经在自己创建的快乐妻子俱乐部网站中写到:Marriage: Love is the reason. Lifelong friendship is the gift. Kindness is the cause. Tilldeath do us part is the length.(婚姻:相爱是它的理由;终其一生的友谊是它的礼物;恩慈是引起它的原因,而至死不渝则是它的长度)。

德国著名诗人和思想家、哲学家尼采(Friedrich Nietzsche)也曾经说过:It is not a lack of love, but a lack of friendship that makes unhappy marriages.(造成不快乐婚姻的

原因，不是缺少爱，而是缺少了友谊）。所以为了我们婚姻生活的长治久安和快乐幸福，我们在关心彼此是否还像年轻时那样热切地相爱之余，还是多关心一点经过了那么多年，我们是不是已经成为最好的朋友吧！

在更多的疼惜中，相依为命

我们在前面的文章中曾经提到过，由于男人和女人对情感表达方式和对情感承受能力上的不同，以及在传统父系社会中成长的男人在卸下职场身份后的调试困难，使得男人在心理上比女人更不能轻松面对子女成年离家的事实。他们也许不说，但他们的失落、焦虑、甚至暗自垂泪，往往要比母亲来得更严重，所需要的身心调适时间也往往更长。

根据我不完全的调查统计，许多爸爸对孩子的事比妈妈还紧张仔细（我们家就是），他们平日处理公事时理性而严谨，但在面对子女的问题时却表现出极为感性的"母性特质"。这当然和他们的自身性格有关，但也和他们强烈的保护本能和责任感有关。因此，在面临空巢期的空虚和失落时，他们的身心和情绪冲击也会比我们想象的和他们外在所表现出来的更为猛烈。

我因此总是会和也处在这个家庭结构变迁阶段的母亲们说,要承担起建立新的厮守关系,以及引导重新发现彼此进程的责任。因为一来,此时此刻,我们的先生可能正在努力地整理他自己的情绪而无暇顾及我们的新关系。二来,身为女性,在情绪管理和人际关系的处理上,我们本来就拥有比男人更好的能力及天赋。

除了面对空巢期种种需要调适的问题之外,男人在这个阶段也会变得比较敏感和脆弱。他们开始关注自己的外貌,介意越来越稀疏的头发和越来越凸起的肚子。这些关注和介意,不一定是为了吸引女性,也不一定是故意和自己的妻子抗衡。他们只是为终将有一天不得不拱手让出的职场权力和代表自己人生价值的工作职位而恐慌,因此,他们把注意力转移到自己的外貌上,但可怜的是,他们又在发现自己逐渐脱发和发福中感到挫败不已。

另外,中年期的男性之间,也会发生像小孩一样彼此较量的情绪。他们会有意无意地拿对方的头发和体型开玩笑,会显摆和比较各自孩子的成就,也会好斗地比较所积累的产业和财富。女人当然也会这样,但女人从年轻时就已经深谙此道,所以进入中年以后,对邻里或朋友间的较量早就已经是炉火纯青、刀枪不入了,所以这些因较量而产生的情绪,伤不了我们。但男人就不是这样了,男人会用这些较量的结果来量化和定义自己的成就,也会因为所得到的结果而认定自己是成功者或失败者。

因此,当人们只关注女人面临更年期时的身心和情绪问题时,我却一直呼吁男人的更年期同样值得关注。男人不像女人可以用显著的月经变化来告知更年期的到来,也没有为推销更年期药物而铺天盖地的舆论渲染,他们也许确实没有女人停经后因荷尔蒙改变而产生的剧烈生理变化,但却实实在在地和女人一样,有各种因改变而产生的消极情绪。所以当他们在自己的情绪之外,还必须承受家里的女人举着更年期的大旗来合理化自己的情绪波动时,他们的预期寿命会不如女人长,就不再是难以理解的现象了!

根据我国现行人口普查和世界卫生组织的人口调查显示,发达国家中,女人的平均预期寿命比男人长。而我国2013年最新的调查结果显示,女人的平均预期寿命比男人长达 4.99 岁,而这个差距也在过去的十年间增加了近一倍。

所以,各方面条件都比男人宽松的我们,是不是应该在终于熬到子女长大后都比较向着妈妈的优势情况下,多以疼惜的心来关怀比我们更难以面对改变的爱人?毕竟,在这场长达数十年、有着唇齿相依关系的婚姻中,任何一方输了,也就意味着另一方的痛苦和失败,而任何一方获得了幸福,当然也就是另一方的身心安顿和福祉。所以,为了我们所爱的人,也为了我们自己,让我们用疼惜的心,来柔软我们老后的婚姻生活。

宽心享受温热的性生活

53 岁,是目前世界上所有发达国家都认可的"中年期"年龄分水岭。就在几年前,这个年龄分水岭还是 47 岁!也就是说,根据身体健康状况的预估值,当今一个 53 岁的男人和女人,眼前还有至少 25~30 年以上的岁月可供享受。如果按照中国对年龄的分段,中年期是指 41~65 岁之间,而其中,41~48 岁为壮实期;49~55 岁为稳健期;56~65 岁则为调整期。

对于身处在这个身体还依然健康、心智还仍然活跃、心中也还有梦想的年龄阶层的人来说,"性"可能是个有些难以启齿,但又不得不思考和面对的问题。根据一份由中国人口宣传教育中心、上海社会科学研究院和一家药品公司共同合作的一项针对中年人群、通过网络调查有超过4000份回收问卷的研究结果显示,三分之一以上的中年夫妻不满意他们的婚姻现状,而究其原因,有八成以上的参与调查者认为性生活的满意度直接影响了他们对婚姻生活的幸福满意度。

绝大部分的参与者也表示,影响婚姻幸福的因素中,"和谐的性生活"比"较富裕的物质生活"更为重要。此外,有近30%的丈夫和43%的妻子表示,受到勃起功能障碍(ED)的困扰,是性生活不和谐的主要原因。而受ED困扰的被调查者中,有逾七成选择消极应对,认为"是年龄问题,不会采取行动"或"刻意回避话题",其中又以女性居多。

这项调查和美国的一项调查结果有些近似。美国一项针对年龄在45岁以上、有1670位男女各半参与者的调查发现,43%的男士对自己和合法婚姻配偶之间的性生活是满意的,而这个比例比十年前下降了10%。女士们的满意度则明显偏低，只有 28% 的人从自己的性生活中得到满足。当实验者请参与者进一步提出影响他们性生活满意度的原因时，"财务状况的压力"出现的比例高居第一，而"配偶的配合度不高"则位居第二。

有关因年龄而在男女身上出现的足以影响性生活频繁度和满意度的问题，书店和互联网上都已经有大量的书籍和资料，对如何寻求专科医师或专家们解决问题的方式也多有论述，我因此在这里就不再赘述。但是针对这个问题，我倒是愿意提出一些自己的看法和大家切磋分享：

首先，开宗明义地说，我们必须理解，性生活的需求度和满意度是非常因人制宜和因时制宜的。我很不喜欢专家们，或者那些自认为是专家们的人，用硬邦邦的数据来吓唬人。是的，性生活确实影响了婚姻生活的内涵，但它的影响力并不全然是借由次数或时间长度来决定，事实上，性生活的品质远远要比次数来得重要，而决定它的品质优良与否，又不全然是靠着是否"成功达阵"这样简单的方式来量化的。

其次，性生活带给男女双方的愉悦感，除了生理上的满足快意之外，还有心理上和情感上的满足快意。它所带来的彼此相属和身心灵契合，对在平淡婚姻生活中的两人，尤其是经历了 20 年以上平淡婚姻生活的中年夫妻来说，是很重要的爱情催化剂和黏合剂，而这也就是所有的婚姻专家，包括我自己在内，都要提出这个问题的原因。

但是，在实现这项功能上，性生活并不仅仅只是单纯的性交，它还包含了之前的爱抚、亲吻，过程中的肌肤之亲以及之后的相互依偎和拥抱。因此，当我们因为种种的生理或现实原因而无法实现频密的性交时，我们仍然能享受之前和之后的彼此归属和亲密感，并且从这种更轻松、更不具有评价性、更缓慢安适的方式里，得到心灵深度的快乐和满足。

因此，我总是对自己，也对身边那些忧心忡忡的后中年期女性朋友说，别总是盯着有多少次或是否成功达成这些让人泄气的死规矩打转，而是把更多的心思放在我们有没有常常全身心地拥抱对方；有没有热烈地亲吻；有没有温柔地爱抚；有没有慵懒地相互依偎。如果这些我们都做到了，请相信，哪怕我们的表现不让专家们满意，我们都会是羡煞人间、幸福甜蜜的小爱侣。

读者感言、评论

Yang***g:

金老师,今天我开始读了《你要的是幸福,还是对错》,晚上在先生旁边读的,书快读完一半了。真的是受益匪浅!我们前一段时间还闹离婚,吵架,读完这本书我豁然开朗,我的一些疑问在书里真的找到了答案,我从书中读到了自己现实生活中的错误认知,也明白了自己之前对先生的种种过激行为和不理解,这本书真的帮助了我,读到停不下来。我只是一个普通大学的本科生,在家又带了六年孩子,给您私信很激动,词穷了,不会说太多高端的话语,只能告诉您,谢谢您金老师,您的这本书我读到心坎里去了,在以后的婚姻生活中,它一定会激励我与先生共同创造出简单真实又清淡的幸福生活。

懿***:

金钱问题处理不好,确实是夫妻两个人之间很敏感的问题,尤其是对于年轻人。没有经济基础,不能够给对方提供安定的生活,大概也是在这段关系中更沮丧的一方面吧!但我始终认为，无论是贫穷还是富有，总有需要面对的问题，有问题两个人一起面对解决就好了！不要让金钱问题成为两个人之间的隔阂。

确实，男人情绪低落的时候会把脾气释放到爱人身上，包括女人也是这样，有时候真的不是冲爱人来的。今天我就对号入座了，后来他也讲明他工作不顺，状态不好。男人的压力是很大的，做不好他也很沮丧，不能带给我们安定的生活，他也很烦很无力，这时候去逼他真的无异于把他推远。还是像金老师说的那样，把自己修炼成他不敢轻易失去的人，其他的交给他自己决定吧！别把自己过得太纠结，都不可爱了！最后，在这里祝福一下自己的爱情，但愿我们能一起度过这些诱惑和难关。

明***月：

男人、女人谁更花心？这是一个有着千年争议的话题。读了金老师的书，解锁了心中的疑虑，男人比女人更花心！开始一惊，随后看到后面，也不担心了，男性有天生的风险评估和损坏管控能力，而我们女人要提升这个风险指数的技巧，增加这个天平上自己的分量，不断提升自己，成为男人失去不了的财富！控制好我们女人的情绪化，当自己愤怒时默念"1，2，3"的阻断机制，同时想一首我喜欢的歌《感恩的心》，感恩这个世界，感恩有您——金老师！诚心推荐金老师的书。我是个优柔寡断的人，经常为做决定的事而犹豫不决，当用金老师书中白纸黑字地写下两个选择的"好处"时，太简单好用了！真诚推荐，谢谢金老师的书！

上善***：

通过读书分享的推荐收听，才知道男女大脑回路的不同，导致思考方式、表达方式的不同，原来作为女人的我们心中总是"他不懂我""他不理解我"，其实我们自己也不懂自己，自己也不懂他。老师推荐的方法白纸黑字地写下两个选择的好处，感觉确实是一个不错的方法，要试一试，进而在生活实践中多用。为自己在愤怒时挑选一首歌，我想用，哎呀呀～～轻松好玩，瞬间转换频道。刚才试用了一下，在和家婆沟通时，看到自己情绪上来，会反复纠缠把自己陷入情绪之中。今天和老公沟通的时候，还是用以前的方法沟通，直接表达自己想表达的，后来说了几次他都不懂，还是没有把老师说的方法运用出来，找机会多尝试几次。"我现在跟你明确表达的目的是什么?"确实应该先把目的说出来,好像发现自己更多的时候是用自己的想法表达,来达到一种想让他明白或者猜到的目的,不然好像没有默契感了。原来我是想要默契感……

亲爱***薇:

重读才发现《你要的是幸福,还是对错》一书,中心思想居然是:"如何让我们变得更快乐!""如果你不快乐,很难拥有幸福的婚姻。"这其实是个常识。金老师通过"理解两性关系和婚姻本质""满怀敬意和爱意去做""艰难时做最适切决定"及"去留无愧于心"(从而释然、自由、快乐)这4个具体步骤的讲解、带领,辅以大量生动案例、翔实的数据与实用技巧,让我们知道并做到:让婚姻幸福,比"对错"和"去留"都重要得多——应该说最重要的事就是"让自己快乐"。

海***:

从男女有别到金钱与性。一路读来,觉得目前的老公很正常,原来都是我自己的原因。释然了很多,放弃改造、提升他,着眼点在自己身上时,万事都可以接受。

苏菲 *** 天：

我觉得金韵蓉老师的这本书很值得收藏的，也值得推荐，拿到手后一天就读完了，值得二刷，三刷。书中给出了两性婚姻生活和交往中，很多中肯的建议和意见，对于我们来说都是非常值得去学习的。

si***24：

先是听过樊登的听书后来买的。如何能更了解你和你的另一半，更好地进行有效沟通，很重要！别争对错！！！

无昵称用户：

夫妻之道也是需要学习的，这本书，用经典的事实还原生活，提出解决办法，值得一读！

无昵称用户：

挺不错的，这本书让我和我老婆对两性的认识更深刻，关系也越来越融洽。

麦 *** 我（匿名）：

经典，虽然单身但是我觉得很有必要提前学习。

惟 ***l：

樊登读书推荐，听了很多遍后，入手。

作者简介：

金韵蓉

  资深心理学家，《时尚 Cosmo》杂志专栏作家，北京大学光华管理学院EMBA《女性领导人心理学》课程讲师，IFA国际芳香疗法治疗师学会大中华区首席代表、主任讲师、终身成就会员，曾为多家国际企业举办关于员工"顾客心理学""减压管理""潜能开发"以及"表达技巧"的培训课程。著有《先斟满自己的杯子》《幸福女人的芳香生活》等。

图书在版编目（CIP）数据

你要的是幸福，还是对错 / 金韵蓉著 . —— 北京：中国青年出版社，2019.1
ISBN 978-7-5153-5471-2

Ⅰ . ① 你… Ⅱ . ① 金… Ⅲ . ① 婚姻—家庭关系—通俗读物
Ⅳ . ① C913.13-49

中国版本图书馆 CIP 数据核字 (2019) 第 004197 号

你要的是幸福，还是对错

作　　者：金韵蓉
责任编辑：吕　娜　王超群
插画作者：stano

出版发行：中国青年出版社
经　　销：新华书店
印　　刷：三河市万龙印装有限公司
开　　本：787×1092 1/32 开
版　　次：2020 年 5 月北京第 2 版　2021 年 9 月河北第 5 次印刷
印　　张：9.5
字　　数：320 千字
定　　价：69.90 元
中国青年出版社 网址：www.cyp.com.cn
地　　址：北京市东城区东四 12 条 21 号
电　　话：010-65050585（编辑部）